孙琳 著

林徽因传

山西出版传媒集团　山西人民出版社

图书在版编目（CIP）数据

林徽因传/孙琳著．－－太原：山西人民出版社，2019.7
ISBN 978-7-203-10442-1

Ⅰ．①林⋯ Ⅱ．①孙⋯ Ⅲ．①林徽因（1904-1955）—传记 Ⅳ．① K826.16

中国版本图书馆 CIP 数据核字（2018）第 116324 号

林徽因传

著　　者：孙　琳
责任编辑：孙　琳
复　　审：贺　权
终　　审：秦继华
装帧设计：三形三色

出 版 者：山西出版传媒集团·山西人民出版社
地　　址：太原市建设南路 21 号
邮　　编：030012
发行营销：0351-4922220　4955996　4956039　4922127（传真）
天猫官网：http://sxrmcbs.tmall.com　电话：0351-4922159
E－mail：sxskcb@163.com　发行部
　　　　　sxskcb@126.com　总编室
网　　址：www.sxskcb.com

经 销 者：山西出版传媒集团·山西人民出版社
承 印 厂：山东新华印务有限责任公司

开　　本：710mm×1000mm　1/16
印　　张：17
字　　数：224 千字
印　　数：1—5000 册
版　　次：2019 年 7 月　第 1 版
印　　次：2019 年 7 月　第 1 次印刷
书　　号：ISBN 978-7-203-10442-1
定　　价：48.00 元

如有印装质量问题请与本社联系调换

1907年，林徽因三岁时留影。

1916年，林徽因十二岁时留影。

1916年,林徽因与表姐妹身着培华女子中学校服合影。

1920年,林徽因十六岁在伦敦留影。

1920年，林徽因与父亲在伦敦。

1928年3月，林徽因与梁思成在加拿大结婚，此为结婚照。

1928年，林徽因二十四岁在北平留影。

1929年,林徽因与梁思成、母亲、女儿在沈阳。

1931年，林徽因与梁思成在北平。

1934年,林徽因在北平。

1938年，（左起）周培源、梁思成、陈岱孙、林徽因、金岳霖、吴有训、梁再冰及梁从诫等在昆明西山华亭寺合影。

1934年或1935年,林徽因与费正清、费慰梅、金岳霖、女儿梁再冰在天坛。

1934年，林徽因在灵岩寺遗址。

1936年，林徽因与丈夫梁思成在北平天坛正在修缮的祈年殿屋顶上。

1936年，林徽因在山西榆次考察宋代建筑雨花宫。

1937年，林徽因在五台山佛光寺测绘经幢。

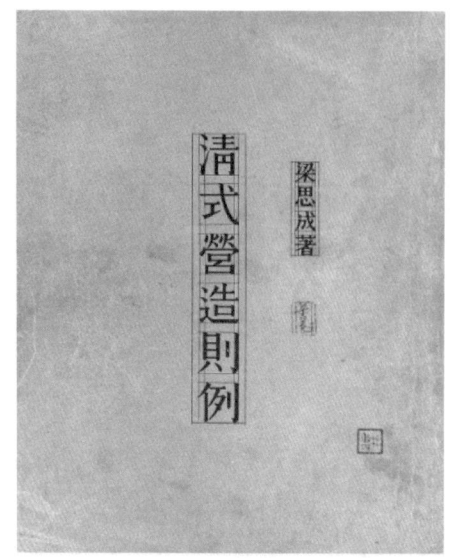
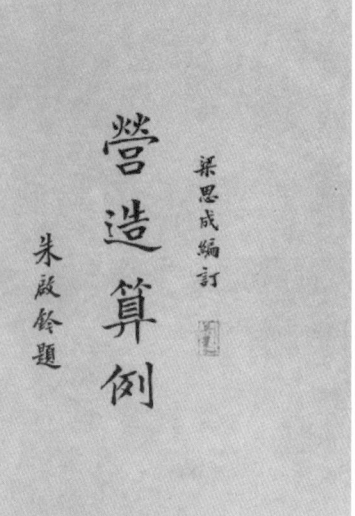
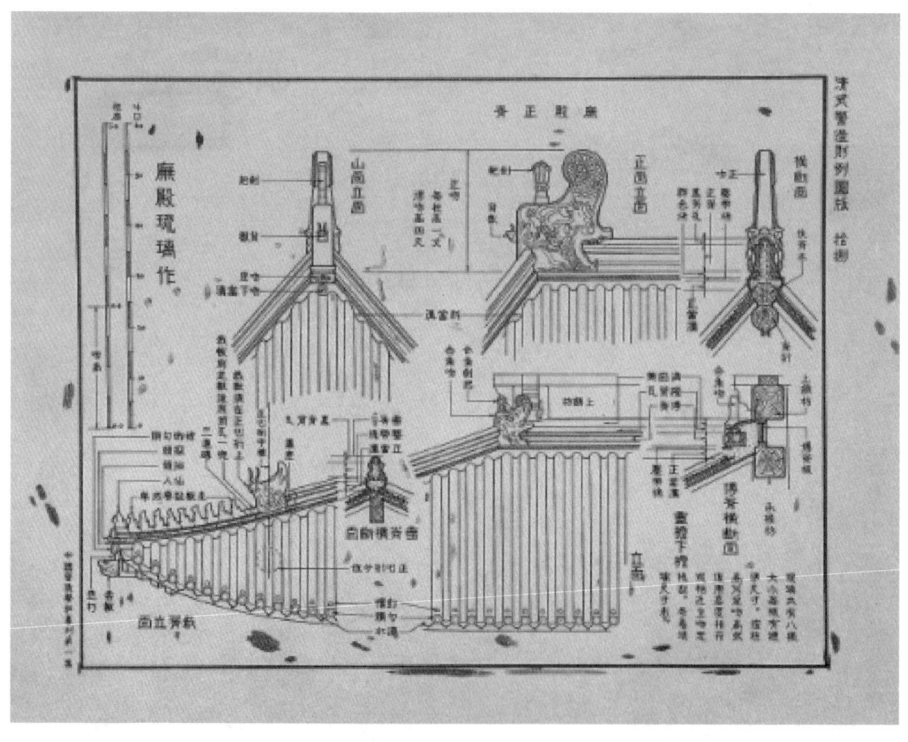

梁思成著《清式营造则例》，此为1934年铅印本。

林徽因，一朵岁月长河里不败的青莲，一个勇于填补空白的女建筑学家，一位才华横溢的诗人、作家，正优雅恬静地伫立在我们的面前。半个多世纪前，林徽因是京城学者中的灵魂人物；如今，那个飘逸美丽的背影，仍然是那么卓尔不群，像百年前的那朵莲花一样，仍然盛开在烟雨迷离的江南。

当一场场梅雨过后，荷风如卷袭来，碧砖黛瓦的小院里，湿润的青苔在墙角纯净地生长着。你是否还记得曾经走过人间四月天的林徽因，惊艳地走过故乡光阴，款款的脚步，如同凉风吹起书页，在烟雨弥漫的气息中，成就自己的传奇。

林徽因，一代才女，在她去世后的六十多年来，仍有无数人喜欢她、追忆她，她的魅力和气质仍然令人折服。不是镜中花，不是水中影，那是中国第一位卓有成就的女建筑学家特有的风采；那是才华横溢的女作家、诗人，绝顶聪明的灵魂独唱；那是解说入木三分的评论家，卓尔不群的风姿；那是引人注目的教授、学者，执着坚韧的伫立。她的开阔胸襟、丰富阅历和率真坦诚，为世人所惊叹。

林徽因，是什么让她魅力无限？是什么让她具有这么强大的公众影响力，以至于逝去多年，还有那么多人在追忆她？又是什么让她的名字如雷贯耳，使仰慕者的目光无法移开？

　　林徽因的温柔娴静、优雅柔媚，让她的诗句充满了温婉的气息；她严谨认真的治学态度，就像那朵盛开不败的莲花，馥郁馨香，温存如玉地镶嵌在人们的记忆里。当她款款走在中国广袤的大地上，拖着虚弱的病体，一脚泥一身水地勘查古建筑时，她频涉西北荒野的足迹和身影，赋予了生命纯洁与绚烂之美；当她穿越古城北京的大街时，她把美丽和执着留在了每一个古韵悠长的四合院和楼台亭榭，就像一树树的花开，散发着馥郁的香气，闪烁着令人炫目的光彩；她在自家客厅高谈阔论、妙语连珠、神采飞扬时，为自己谱写了一个如夏花般绚丽的人生。

　　林徽因出生在江南水乡。莲开的六月、书香门第的家庭、良好教育的熏陶，使她的灵魂香气四溢。她就是在宁静的朝飞暮卷里，一点点长大，内心日渐丰盈。荷塘里那朵在风中摇曳的不谢青莲，就是她起始的恋歌。

　　"余既滋兰之九畹兮，又树蕙之百亩。"林徽因从小和弟弟妹妹们不同，她就像一片花瓣落在春天的暖风和阳光里，又似一朵出水芙蓉秀美灵动、清新淡雅。就是这样一个美丽的女孩，其意志却格外坚定，认准的目标，就一定要实现。

　　十六岁那年，林徽因跟随父亲去了伦敦，她在上海和北京的学校里学的英语终于派上了用场，她成了父亲最得力的助手。同时，她进入伦敦的圣玛丽女子学院学习。异域的生活让还是少女的她大开眼界。她决定实现梦想，把握自己的人生。每当夜色朦胧，四野冥寂，林徽因于灯下伏案读书时，其信念就会念白一样清晰地出现在脑海里，她感觉自己就像疾风中的鸟儿，展翅飞翔。

　　那是怎样神采飞扬的生命，创造着民国时期女性的传奇？

　　1924年6月，林徽因、梁思成、梁思永同往美国留学。林徽因因宾夕法尼亚大学拒绝女生学习建筑而进入美术系。一年后，梁思成惊讶地看到倔强、聪慧的林徽因不但成了建筑系学生，而且在第二年春季，成为建筑设计系的助教，梁思成不知道她使用了怎样的魔法，说服了那些不准女生学建筑的外国教育者。宾大学业结束后，林徽因又转入耶鲁大学戏剧学院学习舞台美术半年。

1928年3月21日，二十四岁的林徽因与梁思成踏上了婚姻的红地毯，在加拿大温哥华举行了盛大的婚礼。之后，两人便按照梁思成父亲梁启超的安排，赴欧洲考察古建筑。回国后，林徽因夫妇受命创办东北大学建筑系，分别任主任、教授，由此，林徽因开始了她作为中国第一位女建筑教育家的生涯。

文洁若在《林徽因印象》中说："林徽因是我平生见过的最令人神往的东方美人……按说经过抗日期间岁月的磨难，她的健康已受严重损害，但她那俊秀端丽的面容、姣好苗条的身材，尤其是那双深邃明亮的大眼睛，依然充满了美感。"

有人说，是林徽因选择了梁思成，才有了今天的中国建筑史。

烟雨红尘中，林徽因真的承担了岁月的沧桑，用尽一生的心智，呕心沥血地研究中国古建筑，和丈夫梁思成手挽着手，访遍古建筑，到处寻找和勘察古塔、古桥、古楼、古堡以及民宅古寺，拂过岁月的积尘，勘定其年代，揣摩其结构，计算其尺寸，然后绘图、照相、归档，他们填补了中国古建筑史的空白，也留下了许多辉煌的篇章。林徽因全力辅助丈夫成就中国建筑研究的大业，她的冷静、理性、勤奋、严谨与梁思成的沉稳、厚重、深邃、富有感染力互补，成为中国建筑史的金牌搭档。

有人说，梁思成是坚实的基础和梁柱，是宏大的结构和支撑；而林徽因，则是那灵动的飞檐、精致的雕刻、镂空的门窗和美丽的阑额。这种评价贴切、准确、形象，他们夫妻二人就像一座美丽的建筑，屹立在中国建筑史上，那永恒的姿势，就是他们在共同的山河岁月中缔造的雕像。

岁月依旧静好，谁依然优雅如初？

那个穿越了时空的声音，温婉却如雷贯耳："我们要在安静中，不慌不忙地坚强。"听着她这样的表白，想象着她从容地描绘着素年锦时的美好，谁会无动于衷？

萧乾在《才女林徽因》中写道："听说林徽因得了很严重的肺病，还经常得卧床休息，可她哪像个病人，穿了一身骑马装……她说起话来，别人几乎插不上嘴。徽因的健谈绝不是结了婚的妇人的那种闲言碎语，而常是有学识、有见地、犀利敏捷的批评……在她生命的最后岁月，即使要承受病痛的折磨，依旧优雅如初。"

也许，林徽因也曾疲倦，甚至冤屈；也许，她的眼泪也曾奔涌而落，但在隐隐约约的疼痛和污脏的日子里，她的意志却如钢铁般坚韧。

她的诗歌和其他文学作品，大多数都是她在病中的杰作，1931年3月，二十七岁的林徽因到香山双清别墅养病，先后发表诗歌《那一晚》《谁爱这不息的变幻》《仍然》《激昂》《一首桃花》《山中一个夏夜》《笑》《深夜里听到乐声》《情愿》及短篇小说《窘》等。1932年，二十八岁的林徽因再次到香山养病。病刚刚见好，她就随丈夫梁思成去卧佛寺、八大处等地考察古建筑，并发表《平郊建筑杂录》。紧接着又发表了诗歌《莲灯》《别丢掉》《雨后天》等。

小时候的林徽因聪明伶俐，在料理家事之余，读书作画，编字画目录，在琴棋书画中度过了静谧的时光。她的聪慧深受父亲林长民的喜爱，他常常偷偷地从不算老旧的木格窗口望进去，看见自己还是少女的女儿或手捧诗书，斟字酌句；或手扶琴弦，放飞心音。林长民的心被女儿的优雅所打动，他决定培养她，送她去上海虹口爱国小学，后又送她去北京由英国教会办的北京培华女中学习。林徽因没有辜负父亲的培养，风华正茂的她才华横溢，才思敏捷，清新淡雅，飘逸绝尘。在美国宾夕法尼亚大学留学期间，她不但是优等生，而且是助教。学生时代的她就格外坚韧，处事果断而坚决，拥有很强的正能量。她常常清楚地表达自己的真实想法，永远是勇于尝试的先锋者。毕业后，她和梁思成一起勇敢尝试着填补中国建筑史的空白，如同在开阔的大路上独行，她用自己具有前瞻性的治学和研究才能，辅助着梁思成。她行走于中国建筑史的碧野中，就像火热而急促的热带暴雨，痛痛快快地飘洒。梁思成曾对他的学生说，他著作中的那些点睛之笔，都是林徽因给画上去的。她在中国建筑史的研究中呼风唤雨，却又甘当绿叶，全力支持丈夫梁思成。她不需要过多的理解，却希望做着内心想做的事，她的勇气和美丽一样，支撑起了常人无法企及的建筑史研究和诗文的舞台。

林徽因一生著述甚多，其中包括散文、诗歌、小说、剧本、译文和书信等作品，均属佳作，其中代表作有《你是人间的四月天》，小说《九十九度中》，诗集《林徽因诗集》等。

她的芳名，就像一泓荡漾的秋水，席卷了所有深刻的忧郁和打了死结的寂寥，带给人们一个明媚的春天；当你面对她如水的眸子时，那一刹那，天籁、地籁与人籁交织在一起，那朵不败的青莲伴着潺潺水声，抵达生命的荒原。

林徽因曾不断地回眸走过的道路，她听到大海的涛声和祖先的呼唤一起从遥远的地方传来。她的信念聚焦到中国建筑史的研究上、诗歌的创作上；她组织的文化气息浓郁的艺术沙龙茶会，迸发出了天马行空般的灵感，让她个人的魅力展现得淋漓尽致；当她和丈夫梁思成一起创建东北大学和清华大学建筑系时，一粒种子，在飞鸟的歌声中发芽，在彩虹的翅膀下长大；当她拖着病体走在探寻挖掘古建筑史的艰苦卓绝的路上时，就像荷叶随风而动；当她参与中华人民共和国国徽的设计，参与人民英雄纪念碑的设计，拯救传统景泰蓝工艺时，她除了用她那柔弱而坚韧的肩膀，和丈夫在一起承载了半个世纪的流离，还开拓了中国建筑史的处女地，拯救了濒危的民族传统工艺。

当她在最美的年华，绽放了爱情之花时，她心生柔情，却爱得清醒，静静守候在岁月的彼岸，优雅地爱和被爱。面对爱情，她爱得从容，爱得执着。

青山依旧，世事沧桑。

林徽因传奇的一生，写满了自信、智慧、宽容与坚定。她不畏未知的未来，坦然前行，努力奋斗，去迎接那一场春暖花开的盛宴。即使青春不再，容颜已逝，站在人生的巅峰，她依然美丽。

淡云飘处，是这位将学者、教育家、作家、诗人兼于一身的伟大女性，她集各种优雅、美丽于一身，风光无限，尽情地释放生命的激情和光芒。或许我们离她所生活的世界很遥远，但其人生，仍值得我们所仰望。

她活着，若夏花之绚丽；她死去，若秋叶之静美。

目 录
CONTENTS

第一章 | 那朵白莲如梦而至
如果我的心是一朵莲花　　002
最美时光里的相遇　　006
挽住建筑艺术的翅膀飞翔　　011

第二章 | 寻梦雾都伦敦
邂逅康桥　　018
转身已是天涯　　026
那把秋天的扇子　　030
康桥再会吧　　036

第三章 | 那一树的嫣红只为梦想绽开
尘埃落定　　042
建筑艺术拨动了她的心弦　　045
和你一起填补建筑史的空白　　047
那场车祸让爱情瓜熟蒂落　　051

第四章 | 有你便是最好的时光
生命中无意的宁静　　056
宁愿此爱淡若茶　　059
岁月彼岸的守候　　064
天空爱上大地　　066

第五章 | 大洋彼岸那朵迎风不落的花朵

　　历经磨难后的花事盛景　　　　　　　　074
　　最美的宾大时光　　　　　　　　　　　079
　　我要用一生回答你　　　　　　　　　　088
　　浪漫的欧洲之旅　　　　　　　　　　　092

第六章 | 生命之花，在建筑新领域绽放

　　创立东北大学建筑系　　　　　　　　　102
　　和古建筑对话　　　　　　　　　　　　106
　　充满诗意的山间静养　　　　　　　　　110
　　同心同途上下求索　　　　　　　　　　116

第七章 | 岁月长河里不败的青莲

　　甘做绿叶伴红花　　　　　　　　　　　122
　　我在岁月的彼岸守候你　　　　　　　　127

第八章 | 勇于填补空白女建筑学家

　　赋予古建筑诗情画意　　　　　　　　　134
　　二丈高的大梁上的发现　　　　　　　　138
　　踏遍山河为修史　　　　　　　　　　　141
　　留下辉煌一页　　　　　　　　　　　　147

第九章 | 卓尔不群的风姿

　　客厅里的妙语如珠　　　　　　　　　　154
　　你是人间的四月天　　　　　　　　　　158
　　生命在探究古建筑中精彩　　　　　　　163
　　诗意地行走世间　　　　　　　　　　　169

第十章 | 执着坚韧的伫立
- 乱世的坚守   178
- 生死逃亡路   182
- 在昆明艰苦的日子里   186
- 李庄的苦难和坚韧   195

第十一章 | 一剪时光中的魅力四射
- 漂泊中的事业和情感   202
- 骄傲地捧出辉煌   207
- 战后的时光   209
- 为保护古建筑奔走呼号   214

第十二章 | 永远的人间四月天
- 重病中的设计   222
- 生命夏花般灿烂   227
- 秋叶般的静美   232
- 绝顶聪明的灵魂独唱   237

后记　心若安好，便是晴天   253

林徽因年表   256

第一章｜那朵白莲如梦而至

> 如果我的心是一朵莲花，正中擎出一支点亮的蜡，荧荧虽则单是那一剪光，我也要它骄傲的捧出辉煌。
>
> ——《莲灯》

在喧嚣的红尘中，谁一袭白衣袅娜地走在温润湿碧的江南故乡那铺着青石板的小巷中？恰似一朵岁月长河里不败的莲花，温存如玉般地镶嵌在永远的人间四月天。

于江南莲开季节出生的林徽因，淡雅如莲，她的心就是一朵莲花，在那荧荧的一剪时光中，骄傲地捧出辉煌。

岁月缝花，时光织雨，那些没有来得及写在荷叶上的诗行，在雨水的滋润下，如墙边的青藤蔓延，旺盛成一片葱茏。年少的林徽因在最美的时光里与梁思成相遇，并有幸跟着父亲远涉重洋。

也许，人生是一趟没有返程的旅行，作为人世间的匆匆过客，林徽因终于挽住建筑这门艺术的翅膀，畅快地飞翔。

如果我的心是一朵莲花

公元1904年的6月，江南荷塘闪烁着一束火焰，一缕月光羽状飘坠，笼罩了那一袭亭亭玉立的妙影。一颗晶莹的珠子，恰似秋波莹莹的眸子，在碧叶上滚动，就像生命之水，刹那缘起。微风轻启朱唇吻过荷塘，那朵绚丽的白莲，空灵、倾城，如梦而至。

莲花展开芯蕊的时候，林徽因诞生在杭州陆官巷——她祖父林孝恂的寓所。

林徽因出身于官宦世家，其祖父林孝恂，字伯颖，是光绪十五年（1889年）己丑科进士，福建闽县人。早年留学日本，历任浙江省海宁、金华、孝丰各地的地方官，曾参加过孙中山领导的革命运动。其祖母游氏端庄贤惠，擅长琴棋书画。其父亲林长民，擅长诗文，精通书法，二十一岁就考中秀才，曾在杭州语文学校学习英文和日文，后去日本留学，毕业于日本的早稻田大学,回国后历任南京临时参议院秘书长、北洋政府司法总长等职。林长民无论性情还是才气,都远胜于他的父亲。他禀赋过人,至今,悬于中南海新华门上"新华门"三个遒劲有力的大字,就是他留下的墨迹。徐志摩曾在《伤双栝老人》中,形容他出色的口才:"摇曳多姿的吐属,蓓蕾似的满缀着警句与谐趣,在此时回忆,只如天海远处的点点航影,再也认不分明。"徐一士在《谈林长民》中这样描述他:"躯干短小,而英发之慨呈于眉宇。貌癯而气腴。美髯飘动,益形其精神之健旺,言语则简括有力。"

书香门第的家庭,并不以"无才便是德"的教条禁锢眷属,但林徽因的祖母游氏喜好典籍,且工于书法。其对子女的教育也不分性别,女儿照样随男孩子一起读书启蒙,个个能诵诗写字。家塾设置的课程,由国学大家林琴南授课,讲述四书五经;并聘新派名流林白水,介绍天文地理,又细述境外概况;甚至还请外籍教师华惠德(加拿大)、嵯峨峙(日本)来家教习英文、日文。虽说晚清风气逐渐开放,但在基层官吏中能如此新旧不拒、中外兼学的,并不多见。可以想见,林徽因在这样开通的书香之家长大,也就注定了她的不俗。墨香和书香混合的环境里,一个秀美、灵动、率真、高雅、知性、莲花一样的女孩子,向我们款款走来。

祖父望着长子林长民的第一个孩子,是个天使般的女孩,打心眼儿里喜欢,便从《诗经》中取"徽音"两字为她命名,诗曰:"思齐大任,文王之母。思媚周姜,京室之妇。大姒嗣徽音,则百斯男。"(《大雅·思齐》)老人的意思是要林徽因继承美德,再引出孙儿满堂吧。

最美的季节绽放了瑰丽的影像,从记忆的园地里携一瓣芬芳。殷红的流年,是否藏满了那朵白莲的故事?

多年后,林徽因在诗歌《莲灯》里,充满激情地写道:

如果我的心是一朵莲花，
正中擎出一支点亮的蜡，
荧荧虽则单是那一剪光，
我也要它骄傲的捧出辉煌。
……

无忧的岁月里，林徽因看见温暖的阳光跳着金色的舞蹈，青色的炊烟比视线柔长，老牛俯卧在浓荫下咀嚼日子的悠闲，豆料的清香氤氲成它眸子悠远的遥望。门前的小河流水潺潺，荇草、游鱼、麻鸭嘎唱，有短笛的声音传来，吹出了她的心事。到了寂静的夜里，她感觉星星在自己的眼眸里，盛开成一朵莲花，她多么希望她的心，就是一朵圣洁的莲花。

梦给老宅镀上了一层暖色，也在她幼小的心灵盛开出一朵莲花。

故乡的老宅里，总是响起林徽因的笑声，就像鸟儿在人间四月天婉转地鸣啼。她有神的双眸像祖父，漂亮的脸蛋像祖母。因此，祖母特别溺爱她，并且亲自照顾她。那时她父亲正留学海外，几个出了嫁的姑姑常带孩子回娘家，林徽因和表姐妹们成天嬉闹，一点儿也不寂寞。从她留下的那张三岁时的照片可以看出，尽管红尘漫染，她仍然悠然地背倚一张老式藤椅，清澈无尘的目光望向前方。她是在期待一场温润的春雨，还是盼望一株茉莉花开，或是等候远在日本的父亲早日归来？

也许，那个时候的她，只有简简单单得像鸟儿垒窝一样，在自己的城里筑梦。

当父亲林长民娶妾程桂林，住在宽敞明亮的前院时，她和母亲就搬到了逼仄阴暗的后院，曾经热热闹闹的日子仿佛一下子消失了。她知道，这不怪父亲喜新厌旧，实在是母亲何雪媛从小娇生惯养，既不会女红，也不识字，脾气还暴躁，令全家人讨厌。父亲虽对母亲不好，却宠爱林徽因。生活在复杂的大家庭里的她，对人情世故的体验是深刻的。

当她托腮在月光下仰望星空时，她知道，星星不会带走一丝的浮躁和人生的惆怅，她感受了痛苦与感恩，像一汪漂浮着白色和粉色落花的水洼。她的目光一片平静，不带一丝的悲伤。她是想到了窈窕的莲花那摇曳的柔美了吗？婉拒哀怨，留住心声，放任带着露水的思想于荷叶之上，簇拥那朵圣洁的莲。

林徽因天资聪慧，六岁就已能识文断字，姑母林泽民教她唐诗宋词，只一两遍，她就能熟练地背诵。八岁时，祖父由杭州移居上海，住在虹口区金益里，林徽因读小学二年级起，便开始为祖父和大娘、二娘给父亲写家书，父亲的来信也都是寄给她。林家因此保存了许多林长民给女儿的回信。其中，一封信中写道：

徽儿：

　　知悉得汝两信，我心甚喜。儿读书进益，又驯良，知道理，我尤爱汝。闻娘娘往嘉兴，现已归否？趾趾闻甚可爱，尚有闹癖（脾）气否？望告我。祖父日来安好否？汝要好好讨老人欢喜。兹寄甜真酥糕一筒赏汝。我本期不及作长书，汝可禀告祖父母，我都安好。

　　　　　　　　　　　　　　　　　　　　　　父　长民
　　　　　　　　　　　　　　　　　　　　　　三月廿日

父亲眼中的女儿是"驯良""知道理"的，不仅仅是因为林徽因爱看书学习，还因为她的母亲得不到父亲的宠爱，所以她的童年并非无忧无虑。在这个关系复杂的家庭里，她很小就懂得察言观色，在大人们的纷争中，试图用最完美的方式处理种种复杂的关系。

九岁时，父亲林长民把家迁到北京前王公厂旧居，林徽因便一个人留下来陪祖父，直到第二年祖父也搬到北京，她才与表姐妹们一起进入英国教会学校培华女子中学读书。培华女中的教育制度较为先进，聪明的林徽因在这里接受了良好的教育。袁世凯称帝时，他们全家迁居天津英租界红道路，父亲独留京中。她的同母妹妹麟趾病逝，二娘生的几个弟妹都小，且经常生病。二娘程桂林患有肋膜炎，家里的许多事情，都是年仅十二岁的林徽因在打理。

清末民初，林长民委实是叱咤风云的风流倜傥之士。当林徽因依偎在父亲的怀里，倾听他"摇曳多姿的吐属，蓓蕾似的满缀着警句与谐趣……只如天海远处的点点航影"时，她的心，也如鸟儿一样飞翔在蓝天上了。

林徽因在父亲的精心呵护和培养下，捧兰心蕙质，驻书香久远，内心一点点地明亮，精神逐渐丰腴，就像长在大地的茵茵青草，蓬勃向上。她在微风中凝视远方，那里有她的故乡，以及江南水乡氤氲着温润湿碧的荷塘。当她在月下的院子里，听着风声，品味江南故乡的甘醇时，她仿佛聆听到了藏在体内的灵魂的歌唱。

当她跟随父亲去北京居住的时候，繁杂的家事和母亲的怨恨曾让她无限烦恼，但她爱父亲，父亲也爱她。如果说，复杂的家庭让她早熟，那么，父亲的钟爱则让她的思绪丰腴和饱满。

林徽因十三岁那年，京城时局动荡，张勋复辟，林长民迫于革命的斗争形势，把家眷撤到天津，他自己则奔波于北京、天津之间。后来，林长民和汤化龙、蓝公武赴日游历。小小的林徽因担负起家庭的重担，坚韧而独立地支撑着家庭，一心料理家事。

最美时光里的相遇

人生短促，千帆过尽，谁伫立在红尘彼岸，回望四季更迭的痕迹，一任时光从身边静静地流淌？谁守着一窗娴静的淡月，让瓣瓣莲花飘散着书的幽香？心灵的纯美、庄严的寻找、智慧的哲思，一如既往地迸发耀眼的锋芒，恰似春光绿了荒野，晴了雨天。

也许，是诗意的江南赋予了林徽因灵性，小时候的她，跟着姑母林泽民读书识字，学习琴棋书画、诗词歌赋，可以说，知书达理、温文尔雅的姑母就是她的启蒙老师，在莲花慢慢展开花瓣的时节，在花红柳绿、月上树梢的深深庭院，她安静地阅读或瑰丽或清淡的文字，为她的心灵融进了中国传统女性古典雅致的情怀，如诗如画般美妙，也为她的容貌注入了出水芙蓉般的气质。

那个时候，她的生活并不如意，甚至有些孤独寂寞。母亲何雪媛作为续弦嫁入林家，她不识字，不懂得取悦丈夫，自然得不到父亲的爱情，因此她把心里的怨气都撒在了林徽因的身上，可想而知，林徽因的感受是怎样的。当她跟随父亲到北京生活时，和她一起长大的堂姐妹，几乎都被她的衣着打扮、举止言谈所倾倒；在北京培华女子中学上学的时候，她的一颦一笑、一举一动，温婉妩媚、秀美灵慧，散发着江南荷塘清雅芬芳的气质，让诸多校友迷醉。

1918年4月的一天，十四岁的林徽因在父亲的书房里见到了梁思成。这样一次历史性的相见，却是梁启超和林长民特意安排的。

事情是这样的，在那个草长莺飞的人间四月天，两位世交好友都愿意两个孩子结百年之好，于是，梁思成奉父亲之命，前去林家看望林徽因。梁思成一路想象着这位林家小姐，一定是按照当时的时尚，梳着一根油光光的大辫子，穿着绸缎衣衫，他感到很不自在，也很不以为然。但当林徽因出现在他面前时，他愣住了！美丽的她，曼妙而妩媚，高雅的谈吐、敏锐的思维，让他怦然心动。

梁从诫在《回忆我的父亲》中，这样描写父亲梁思成第一次见到母亲时的情景：

在父亲大约十七岁时，有一天，祖父要父亲到他的老朋友林长民家里去见见他的女儿林徽因（当时名林徽音）。父亲明白祖父的用意，虽然他还很年青，并不急于谈恋爱，但他仍从南长街的梁家来到景山附近的林家。在"林叔"的书房里，父亲暗自猜想，按照当时的时尚，这位林小姐的打扮大概是：绸缎衫裤，梳一条油光光的大辫子。不知怎的，他感到有些不自在。

门开了，年仅十四岁的林徽因走进房来。父亲看到的是一个亭亭玉立却仍带稚气的小姑娘，梳两条小辫，双眸清亮有神采，五官精致有雕琢之美，左颊有笑靥；浅色半袖短衫罩在长仅及膝下的黑色绸裙上；她翩然转身告辞时，飘逸如一个小仙子，给父亲留下了极深刻的印象。

梁思成万万没有想到，林徽因是如此清新可人，就像一朵含苞待放的白莲花，亭亭玉立。从此，她把他的心填满。他醉心地爱着他心中的女神，她是他梦中期待的那朵白莲花。

林徽因深深地懂得，人生短促，她珍惜旅途中遇见的所有景致。丰富的学养、丰腴的精神，让她精致且神采飞扬、英姿勃发。自她跟着父亲从江南故乡走出来，像个真正的旅行者一样，途经上海、北京，她的眼界开阔了，虽无张爱玲般的凌厉，却张扬着自我独立的个性之美。

"蒹葭苍苍，白露为霜。所谓伊人，在水一方。"林徽因在人生的旅途上，用心灵的手、时光的刀，精心雕刻着生命原野上的每一个细节。她已不再是那个养在深闺只懂诗词古韵的忧郁女孩了。

多年后，林徽因在《人生》这首诗中深情地写道：

……
我是个旅行者的时候，
你，田野，山林，峰峦。

无论怎样，
颠倒密切中牵连着
你和我，
我永从你中间经过；
……

    林徽因没有辜负父亲林长民对她的期望，自信地行走在人生的旅途上，张扬着自我独立的品格，做到了和同时代的众多男士成就相当，甚至超越了他们。

    林徽因原名本是林徽音，20世纪30年代，她特意将自己的名字改为林徽因。原来，文坛上出现了一个男性诗人，也叫林徽音，报纸杂志经常将两个人混淆。因此林徽因改了自己的名字，将"徽音"改为"徽因"，这个名字利落、简略，特别符合当时成熟的林徽因。

    林徽因十四岁时拍过一张照片，照片里一袭白色衣裙的她，微微侧身而立，长长的辫子斜顺在肩头，柔美的眼眸里，仿佛跳跃着一束红色的火焰。葱郁的绿叶衬托着她的身影，犹如一朵素洁莲花，温婉而柔美。那是她绽放的青春，在一脉诗情里，坚守着一份执着。

    1920年的春天，林长民赴欧洲考察西方宪制，特意带着爱女林徽因为伴。

    那是北京的一个明媚的上午，阳光透过林家万字纹的窗格子，斑驳地散落在书橱上、书桌上，也落在林徽因的身上，她正眯着眼睛看一封信，那是父亲林长民写给她的信。许久，她放下信，端起青花瓷茶碗，轻轻地啜饮了一小口茶，信中父亲林长民的话真是响彻耳膜："我此次远游携汝同行，第一要汝多观察诸国事物增长见识。第二要汝近我身边能领悟我的胸次怀抱……第三要汝暂时离去家庭烦琐生活，俾得扩大眼光，养成将来改良社会的见解与能力。"林徽因很激动，马上要跟父亲去一个陌生的国度了，她怎能不激动呢？从此，她要客居国外一段时间了，她为即将到来的旅行兴奋起来。

这一年的夏天，林徽因离开了北京，跟随着父亲，途经半个地球来到了雾都伦敦。在国际联盟协会于第一次世界大战结束时创立之际，就像别处一样，中国也成立了国联协会。林长民是发起人之一，又成为协会总干事。他为了国联的事务而常驻伦敦。

那是人间的四月天，林徽因跟着父亲远涉重洋。当她在上海一脚踏上即将漂洋过海的轮船时，她的目光里，从没有离开过"水的映影，风的轻歌"。她欣喜地望着烟波浩渺的海天之际飞翔着的海鸟，心也随之遨游在梦的天空。五个月后，轮船到达了法兰西。其后她跟着父亲转道去了英国伦敦，安顿下来后，林徽因跟着父亲开始游历欧洲，从巴黎到日内瓦，从罗马到柏林。世界之大，让她大开眼界，一腔热血，在她心里奔腾。独特的大千世界之路，让她的心灵情不自禁地燃烧着一束红彤彤的火焰，她仿佛看见江南一池荷莲，花色殷红，吐蕊惊艳，她知道，她的幸运，会让她看到全新的世界，从而放飞她的梦想。她读着父亲游日内瓦湖的日记：

> 罗山名迹，登陆少驻，雨湖烟雾，向晚渐消；夕阳还山，岚气万变。其色青、绿、红、紫，深浅隐现，幻相无穷。积雪峰巅，于叠嶂间时露一二，晶莹如玉。赤者又类玛瑙红也。罗山茶寮，雨后来客绝少。余等憩 Hotel at chardraux 时许……七时归舟，改乘 Simplon，亦

一湖畔地名。晚行较迅。云暗如山,霭绿于水,船窗玻璃染作深碧,天际尚有微明。

林徽因欣赏着父亲的美文,心里的感慨如同西湖之水,波光荡漾。

林徽因是旧时代女子中的幸运者,她跟着父亲游历欧洲每一处文化古迹,还有工厂、报馆。父亲告诉正在求知的女儿,中国需要向西方资本主义国家学习,将来改良需要这些知识。林徽因一路走来,一路欣赏着这些精神盛宴,她对各地的自然风物、民族风情特别感兴趣,往往兴致勃勃地记录着异域的新奇和闪光点,这为她后来的诗歌和文章增添了不少的情韵。

茫茫雾都,一切都是新奇的,林徽因睁大双眼,打量着这个特别的世界。很快,她就融入了进去,在上海、北京的学校里学会的英文这下派上了用场,她成为林长民得力的助手。1920年9月,林长民送她进入伦敦的圣玛丽女子学院学习,她的英语水平突飞猛进。

异域的生活,为林徽因打开了一个全新的世界。在伦敦家里的客厅,她会见了许多前来向她父亲致敬的客人。这种社交活动不知不觉地影响着她,对还是少女的她的影响非常大。她感觉自己就像置身于花海,抱紧着整个春天,并留下了云的留痕、浪的柔波。

挽住建筑艺术的翅膀飞翔

那是一个雾气蒙蒙的上午,林徽因跟着父亲穿过伦敦的街道,去拜访朋友。进了朋友家,父亲与他的朋友谈话,林徽因则和女主人坐着闲聊。女主人也是学者,给她看自己画的建筑设计图。那纵横交错的线条以及千奇百怪的图形深深地吸引着林徽因。想起欧洲建筑的美轮美奂,"建筑"这个词就像一粒金黄的种子埋进了她的心里,让她无法抗拒。每一座建筑都有着它不可替代的美和秘密,她要探索建筑的奥秘。

多年后,当林徽因成为中国第一位女建筑师、建筑教育家的时候,她说:"我曾跟着父亲走遍了欧洲。在旅途中,我第一次产生了学习建筑的梦想。现代西方的古典建筑启发了我,使我充满了要带一些回国的欲望。我们需要一种能使建筑物数百年不朽的良好建筑理论。"

爱上建筑,最后选择以建筑为终生职业,应该是林徽因旅居英国的最大收获。

1921年的夏天,林徽因和邻居柏烈特医生一家去布莱顿海湾度假,醉人的美景和轻松的心情让她兴高采烈,异国生活就像古老的智慧遗落的一颗哲思的种子,让她走向成熟。

站在布莱顿海湾,望着海天一色的景致,林徽因知道,这座美丽的海滨城市的对面就是英吉利海峡,从11世纪开始,这里就航运繁忙、鱼市兴旺。它的旅游观光价值,早已超过了它原始的存在意义。

柏烈特的女儿黛丝是个美丽的姑娘,她热爱建筑。林徽因和她一起在沙滩上休息时,听见她的妹妹叫她工程师,心里的疑惑便开始慢慢滋长。

林徽因是个有心人,她问黛丝缘由,黛丝告诉她,她喜欢建筑,想当一名工程师。她指着岸上不远处的一座王宫,约林徽因次日去素描,并想听林徽因描述中国的建筑。

"建筑不就是盖房子吗?"林徽因微蹙着眉头问道。

黛丝摇头:"建筑可不只是盖房子那么简单。它是一门艺术,就像诗歌和绘画一样,它有属于自己的语言。"

那一刻,林徽因的内心深处涌起了热浪,她开始关注"建筑"这个曾经那么陌生的语汇。

她的憧憬,至真至切!

一日，林徽因和黛丝一起去皮尔皇宫画素描。她竟然发现，皮尔皇宫的设计是典型的东方楼阁式的，在大门口，她惊讶地发现竟然挂着两盏颇具中国特色的八角灯笼。这不能不让她想起江南故乡祖父林孝恂的寓所的大门口，也有这样一对八角灯笼，她曾在灯笼下蹦跳玩耍，和喜欢她的祖父撒娇。

那个时候，父亲林长民在南京临时政府参议院任秘书，并常驻北京。她的堂叔林觉民和林尹民为广州黄花岗烈士，叔叔林天民在日本留学，四个姑姑虽已嫁人离家，却常常回到家里。每临春节，祖父林孝恂就带着姑姑们和小小的她，用纸绢扎灯笼，把五颜六色的灯笼挂在门庭里，全家人欢天喜地围坐在一起，度过美好的时光。

林徽因万万没有想到，在远隔千万里的英国，竟然有和中国一样的八角灯笼、有着东方楼阁式的建筑，看来，民族的就是世界的，建筑艺术从来都是相通的。

二十天的假期很快结束了，她最大的收获就是受黛丝的启迪，走进了"天地之骨"——建筑的神圣殿堂。从此，建筑事业成了她的终生事业。

如果一点一滴的岁月，终会凝聚成河，那么，风中舞动的手指，一定会挽住建筑这门艺术，让它更好地为人类服务。不久，林徽因发现，英国的大多数城市，都将大教堂作为城市的中心，唯独布莱顿的标志性建筑是英皇阁。林徽因站在霸气的英皇阁前，仔细地打量着这座建筑和其他建筑的不同之处，很快她便发现它的艺术之美，这令她的心激动不已。1915年，里根特王子为了方便与他的情妇幽会，建造了英皇阁。后来，里根特王子成为国王乔治四世，他特别喜欢布莱顿，认为这里清静优雅，远离伦敦政治场合的是是非非，是能让他安放心灵的好地方。

此刻，林徽因站在这座历史悠久的建筑物前，想着"英皇阁"这个名字，无论如何都掩盖不住往昔那隐晦的私情。然而它的富丽堂皇，却总让她忍不住驻足。她开始仔细地观察它的结构和风格，那些佛塔、宝塔和圆顶屋，怎么看都具有东南亚风格；走进宴会大厅，她看见装饰灯如同条条树枝，从一条巨龙的口中延伸出来；餐厅的装修也很考究，每一根铁柱都像一棵棕榈树，极富艺术气息。这一切都让乔治四世的故事更加扑朔迷离，吸引着无数游人纷纷前往，英皇阁风靡一时。

不远处的皮尔皇宫，曾是大英帝国摄政时代的王宫，却有着东方神秘的色彩，成为布莱顿这座小城中最豪华、最漂亮的海外休闲别墅。

林徽因意醉神迷地游览着每一处建筑，仿佛那是她最喜欢的一首首诗歌、一幅幅图画。

布莱顿之行，给了林徽因很大的惊喜，她仿佛回到了江南故乡，穿过青石板小巷，看见了那些绝美的亭台楼榭、高耸的城墙和城门、庙宇和楼塔，明白了房子不仅仅可以用来遮风挡雨，还是艺术的完美体现。她一下子就爱上了这些恣意绚丽的建筑，并决定把建筑当作自己的终生事业。

一阵风刮过来，林徽因驻足聆听大地上生灵的经历和与之有关的木塔、墙、楼及枫亭的故事。她要倾尽全力去追逐心中的梦想。她感觉自己像一朵瞬间爆裂的蓓蕾。

后来，她在诗歌《深笑》里写道：

……
是谁笑成这百层塔高耸，
让不知名鸟雀来盘旋？是谁
笑成这万千个风铃的转动，
从每一层琉璃的檐边
摇上
云天？

只有建筑学家、诗人林徽因能用建筑词汇，去描绘自然空灵中洋溢着孩子般天真的笑，用她的巧思去解读深笑的魅力，那"百层塔""风铃"以及"琉璃的檐边"，让笑更加纯美，蕴含着生命纯洁与绚烂之美。

当林徽因对建筑的认识从朦胧到清晰时，全新的理念，让她以全新的视角去看待塔、楼、殿堂和庙宇。父亲林长民曾写信给她：

得汝来信，未即复。汝行后，我无甚事，亦不甚闲，匆匆过了一个星期，今日起实行整理归装。"波罗加"船展期至十月十四日始行。如是则发行李亦可少缓。汝如觉得海滨快意，可待至九月七八日，与柏烈特家人同归。此间租屋，十四日期满，行李能于十二三日发出为便，想汝归来后结束余件当无不及也。九月十四日以后，汝可住柏烈特家，此意先与说及，我何适，尚未定，但欲一身轻快随便游行了，用费亦可较省。老斐理璞尚未来，我意不欲多劳动他。此间余务有其女帮助足矣。但为远归留别，姑俟临去时，图一晤，已嘱他不必急来，其女九月梢入越剧训练处，汝更少伴，故尤以住柏家为宜，我即他住。将届开船时，还是到伦与汝一路赴法，一切较便。但手边行李较之寻常旅行不免稍多，姑到临时再图部署。盼汝涉泳日谙，心身俱适。八月二十四日父手书。

林徽因知道，归去的日子越来越近了。可她真的舍不得离开。在这里生活的一幕幕情景，如电影镜头般在眼前闪过。

第二章 | 寻梦雾都伦敦

康桥,因为著名诗人徐志摩的诗歌《再别康桥》,而闻名于世。

当年,伫立在康桥上的林徽因,明亮了渴望。

寻梦康桥,谁留下一瞥多情的痕迹,让世人唏嘘和感叹?林徽因用她的智慧和善良,让一段不该发生的爱情戛然而止。

最是那一低头的温柔,林徽因曾让徐志摩爱恋了一生。她走后,康桥给了徐志摩无限的感慨和灵感,那些感慨和灵感沿着康桥的阶梯,起伏,闪烁。

康桥,再会吧!林徽因是理智而传统的,她不能忽略张幼仪的存在。当徐志摩和张幼仪离婚的那一刻,也就注定了林徽因和徐志摩不可能走到一起。

邂逅康桥

踯躅在伦敦的大街小巷，或者坐在家里的客厅，看窗外迷雾重重，林徽因仿佛听见晨光的召唤，在一个又一个黎明即将到来的时刻，寻找生命的意义。她想念故乡江南池塘里那朵正在盛开的莲花，似乎闻到了其暗香泗渡，于明月下顾叹清影。

家里又来了客人，欢声笑语从客厅里传出来，林徽因以舒放之心，为客人们沏茶倒水，轻盈的身姿、得体的谈吐，给客人留下了深刻的印象。林徽因却沉醉在自己的世界中，轻念香残红藕，渴望泛舟而行。

"缘分"是个奇妙的东西，俗话说有缘千里来相会，无缘对面不相逢。世间缘来缘去，有多少喜哀悲欢？

邂逅康桥，是否会成就林徽因的爱情？是否能留下那一瞥多情的痕迹？

那是秋天的一个雾气蒙蒙的下午,徐志摩来到林家拜访林长民,听见敲门声,林徽因的心莫名地动了一下。她跑去开门,一眼看见风度翩翩的徐志摩,竟然有触电的感觉,她想象着他是怎样穿过雾都伦敦铺天盖地的大雾,来到她的面前,给了她一个惊喜。

徐志摩见到亭亭玉立的十六岁的林徽因的一刹那,心脏狂跳起来,曾经的千愁百结,曾经的千呼万唤,在这一刻,盛开了爱情的花朵,像一缕轻柔的清风,蔓延出生命的张力和爱的静美。他想起一次与林长民的交谈,林长民曾自豪地对他说,论中西文学及品貌,当世女子舍其女莫属。现在,他终于见到了老朋友的这位才华出众、气质清雅、美貌惊人的女儿,他内心那激情的湖水开始冲破大堤,肆意流淌。多年的孤独跋涉,让徐志摩的性格桀骜不驯,心灵充满了沧桑。他爱上了林徽因。费慰梅写道:"她那纤细的美丽立即吸引了他的注意。她的艺术气质跟她父亲一模一样,她的活泼、她的敏锐、她的洞察力、她的文学爱好,都使徐志摩倾倒。他坠入了爱河。"徐志摩来林家的次数越来越多,他欣赏林长民不凡的才华、风雅的情趣和开明的思想,还有他高唱恋爱自由的权利,也让徐志摩钦佩和着迷。英式壁炉前,林长民和徐志摩常常相对而坐,热烈交谈,随着话题的深入,两个人的关系也越来越亲密。

爱的这条路上,有多少泣血追寻的人们,如同夸父追日般狂热。

徐志摩,浙江海宁县(今海宁市)硖石镇人,民国四大才子之一,历任北大、清华、平民大学教授,是中国文坛上一颗璀璨的明星,新月派诗人代表。他的诗歌在20世纪上半叶的中国诗坛风靡一时。朱自清曾说:"现代中国诗人须首推徐志摩和郭沫若。"

徐志摩的父亲徐申如是当地的巨贾富商,他希望徐志摩继承家业,成为金融家,为此,他送北大毕业的儿子远赴美国哥伦比亚大学学习经济学。但徐志摩并没有走父亲安排好的路,渐渐地,他的目光从西方的种种思想流派掠过，最后停留在尼采的哲学和罗素的思想上，他的梦想被唤醒。捧着尼采的哲学著作，他感叹："我仿佛跟着查拉图斯特拉登上了哲理的山峰，高空的清气在我的肺里，杂色的人生横亘在我的脚下。"尼采让徐志摩有了对抗世俗的力量。这个时候，他读到了英国哲学家、剑桥大学教授罗素的著作，他的眼前一亮，尼采是徐志摩理想中的罗素，罗素就是他现实中的尼采。徐志摩做出了惊人之举，他丢下唾手可得的经济学博士学位，离美赴英，追随现实中的罗素。然而，罗素在那个时候去了中国，徐志摩没有见到他。

徐志摩是在一次演讲会上认识的林长民，两个人很快成为忘年交。在林家每天下午四点的下午茶中，飘逸洒脱的徐志摩常常出现在这里，和三五好友一起喝茶聊天。林长民兴起所致，便呼唤林徽因研磨，自己铺开宣纸，写下遒劲有力的汉字，这让徐志摩倍加钦佩。来得勤了，不免和林徽因由生到熟，她的美丽、聪颖，她的一颦一笑，都让徐志摩倾心，进而着魔。两个人往往谈兴甚浓，文学艺术、风土人情、故乡旧事和各地见闻，都是他们的话题。

浪漫不羁的徐志摩，知识面非常广，他进入剑桥大学学习后，阅读了华茨华斯、拜伦、雪莱、哈代、狄更斯和艾略特等著名诗人、作家的作品，由此，他由经济学家转变为诗人。他侃侃而谈，如数家珍一样，谈他们的诗歌和其他文学作品，这也种下了少女林徽因的文学情结，为她打开了通往世界文学的全新世界，并且成为她滋生浪漫主义激情的土壤。她雀跃地和徐志摩一起讨论某首诗歌的韵味、某位作家的创作风格，有时两个人交谈得特别融洽，有时两个人争论得面红耳赤。渐渐地，徐志摩感觉自己找到了灵魂伴侣，他对林徽因的倾倒，万劫不复。

一瓣馨香跌落在四月，跌落在刚刚开启的青春的门边，从未绽放的心突然绽放在枝头。林徽因被徐志摩的风度、学识所吸引。壁炉前，她望着燃烧的火焰，醉心地听他讲述雪莱、拜伦、凯塞琳·曼斯菲尔德、弗吉尼亚·伍尔芙等文学大师们的作品和人生故事，她仿佛走进了广阔无垠的原野，看见了浩渺无际的天宇。她飘飞的思绪,燃烧着如火的灿烂,像千树繁华,升腾着心灵的温暖;仿佛江南故乡的河水,浇灌着生命的喜悦。

又起雾了,弥漫的大雾,在林徽因的眼中像摇曳的天使,风干了她的忧伤,燃烧了她彩虹般的梦想,那如醉如痴的莲花敞开了她的相思。

当两个人四目相对,灵魂的碰撞,如红尘舞影,洗濯春尘的青绿,桃花香里的月色,寂静如万里长空。在季风里,一瓣飞花、一片落叶,摇响火热的情歌。

徐志摩在这段感情中,承担了教师和指导者的角色,他引导林徽因进入英国诗歌和戏剧的世界,连同将迷住了自己的新的美丽、新的理想、新的感受一起倾倒给了林徽因。

雾霭迷离,徐志摩的心也迷离着。他在一首诗中写道:

> 如果有一天我获得了你的爱,
> 那么我飘零的生命就有了归宿,
> 只有爱才能让我匆匆行进的脚步停下。
> 让我在你的身边停留一小会儿吧,
> 你知道忧伤正像锯子锯着我的灵魂。

从此,徐志摩一发不可收,以一首接一首情深意切的诗歌,去拨动少女的心弦。

谁一意孤行地陷入散落的愁怀?

岁月无痕,流水无声。多少次壁炉前的畅谈,多少次幽径漫步,多少次康桥相约,一春芳意,一世爱恋,还是少女的林徽因是否被徐志摩的爱情攻势所俘获,被他的爱恋吹皱心中的一池春水?

费慰梅说:

我有一个印象,她是被徐志摩的性格、他的追求和他对她的热烈感情所迷住了,然而她只有十六岁,并不是像有些人所想象的那样是一个有心计的女人。她不过是一个住在父亲家里的女学生。徐志摩对她的热情,并没有在这个缺乏经验的女孩身上引起同等的反应。他闯进她的生活是一项重大的冒险。但这并没有引得她脱离她家里为她选择的未来的道路。

有一件事印证了费慰梅的话是正确的。

那个下午,伦敦的太阳金灿灿地照耀着城市的每个角落,难得没有雾的好天气,林徽因快乐地坐在窗前读书,微风像只手,轻轻地拂过她虚空的落寞。她低垂着眼眸,是否在回味那温暖的时刻?良久,她抬起头,望向窗外,清澈的双眸荡漾起层层碧波,远处是她的梦想在像星星一样地闪烁吗?

忽闻邮差的摇铃声,林徽因急忙跑出去,兴奋地从邮差手里接过信,一看,是徐志摩写给她的信。细看信中的文字,文采飞扬掩饰不住露骨的话语,让她脸红心跳。她惊慌失措了,不知怎么办才好。坐在芬芳的月色里,她惆怅着梦的寂寞,幽怨的歌声里,是孤女的自问自答,似歌似泣的吟哦,摇曳怎样的情怀?那长夜之梦啊,充满了唐诗宋词之香,浓雾也好,薄云也罢,小园芳径才是最具意象的温柔,一盏清茶足以销了西风的魂,不需举案齐眉的酒。那江南故乡篱笆外的池塘里,莲花一定开得正盛,那朵白莲花若隐若现的姿势,是在对着漫天的星宿,许一个宁静的愿吗?篱笆下,我与你,只谈江风秋月,笑谈曾经是怎样的相逢。

歌声传来。歌者是谁?听者又是谁?

战栗中,林徽因请父亲代她处理这件事情。林长民在给徐志摩的信中说道:"阁下用情之烈,令人感怃,徽亦惶惑不知何以为答,并无丝毫嘲笑之意,想足下误解了。"

　　林徽因年纪虽小,但对于感情问题却格外清醒。她的聪明、她的善良,让这段闻名于世的感情得以止步,万千离愁,都将在今夜随歌而来,顺水而去。路啊,无论是江南的青石板小巷,还是大不列颠雾都的街道,总是那样迂回、漫长。漫长而又短暂,邂逅和离别,都已随梦成空。

　　那是个雾霭弥漫的日子,徐志摩对林徽因说他想离婚,并向她求婚。林徽因许久没有吭声,她的思绪,徜徉于一个人的烟波浩渺之中,徜徉于一个人的荷叶田田。诚然,徐志摩曾为她打开了眼界,唤起她新的感情和对世界以及文学、戏剧的向往,她对他充满了感激,她爱慕着他。但是,她怎么能去伤害另一个被爱情抛弃的女人,让自己去代替她的位置?她知道这样的幸福,其实是另一个女人最深的痛楚。

　　林徽因在夜深人静的时候,仰望苍穹,想到了自己的母亲。母亲一生的痛苦和孤独,足以让她回味和咀嚼。她愿意做一个自歌自答的渔樵,或披一蓑烟雨独钓,或随舟自横与野渡。

　　徐志摩的穷追不舍让林长民尴尬,他决定带林徽因离开英国。

　　轮船的甲板上,林徽因凭栏伫立,一动不动地望着海天一线,海鸥鸣叫着飞掠而去,她和父亲刚刚穿越苏伊士运河,就踏上穿越印度洋的轮船的甲板。浩瀚的大洋水流湍急,是否和中国有着枯藤老树的西风古道一样,流淌着芬芳的似歌似泣的吟哦?

　　泰戈尔最著名的那句诗好似为徐志摩和林徽因而作:

　　　世界上最遥远的距离,
　　　不是我就站在你的面前,
　　　你却不知道我爱你,

而是,

明明知道彼此相爱,

却不能在一起。

康桥绝恋是悲剧,还是理智之歌?发乎于情,止乎于礼。

当徐志摩办完离婚手续,兴冲冲地从德国赶回雾都伦敦林徽因的住处时,却发现已经人去楼空,哪里还能找到林徽因的身影?

浪漫的康桥之恋,恰如一片梦幻的璀璨星空,让人心生温馨。徐志摩为林徽因创作了许多动人心弦的情诗,其中最有名的一首是《偶然》:

我是天空里的一片云,

偶尔投影在你的波心——

你不必讶异,

更无须欢喜——

在转瞬间消灭了踪影。

你我相逢在黑夜的海上,

你有你的,我有我的,方向;

你记得也好,

最好你忘掉,

在这交会时互放的光亮!

这样的一见钟情,这样的各自珍重,难道不是爱情的最高境界吗?

徐志摩的爱,浪漫、炽热而忧伤。

林徽因曾对自己的儿女说:"徐志摩当初爱的并不是真正的我,而是他用诗人的浪漫情绪想象出来的林徽因,而事实上我并不是那样的人。"

林徽因身处浮华婆娑的尘世,那红尘的繁华,并没有让她迷失,她用心灵的纯美和庄严,面对爱情。徐志摩的激情和热恋,没有让她失去理智,她懂得适时放手,不为难别人,也成全自己。如果她跟着感觉走,就会给徐志摩的发妻带来巨大的伤害,她也绝不会因为这样的爱情而幸福。

当林徽因与徐志摩在康桥相遇的那一刻,就注定了他们今后剪不断理还乱的情缘。

也许,是因为他们终于找到了能够读懂彼此的人。林徽因的聪颖、优雅、率真,让才华横溢的徐志摩眼前一亮,只有她能够读懂他眼中隐匿的忧郁,她是第一个也是最后一个让他执念一生一世的女子。也许,他们的相遇是命中注定;也许,他们的错过是有缘无分,但他们终是中国文坛中一道最亮丽的风景线。

初相遇,年华若梦。

当徐志摩历经千辛万苦,跑到德国和张幼仪办完离婚手续,兴致勃勃地赶回伦敦时,却得知林徽因已经回国快半年了,人去楼空,他的失望可想而知。那一天,天下着雨,风雨迷茫的伦敦,也迷茫了徐志摩的心,他一下子陷入了悲情之中,相思、忧伤、哀痛,如影随形。茫茫烟雨雾霭中,他沮丧地站在美丽的康桥上,心里回荡着这样的诗句:

> 康桥,再会吧;
> 我心头盛满了别离的情绪,
> ……
> 昨宵明月照林,我已向倾吐
> 心胸的蕴积,今晨雨色凄清,
> 小鸟无欢,难道也为是怅别;

情深，累藤长草茂，涕泪交零！
……

泣血的诗句，盛满了徐志摩的不舍与无奈，隐约中，他仿佛看见林徽因一身白衣飘逸得如同莲花仙子，他的心彻底地醉了。身在国内的林徽因是否正在执念于飘然长衫如清风明月的徐志摩？

一声悠长的叹息，让风流倜傥的身体轻颤，清风一样的絮语，被文才诗意俘获。一滴冰凉的泪，穿透了徐志摩的身体。丝丝芳冷，在诗笺上弥散……

徐志摩与梦中的莲花对诗，吐尽了平平仄仄的胸臆，伦敦的雾雨，不如他诗歌哀怨婉转的美。

转身已是天涯

康桥，只是剑桥大学边的一个地方，却因大诗人徐志摩而名噪一时。

康桥之恋，是否如人们津津乐道的那样存在？那首《再别康桥》，让多少爱中人沉醉或忧伤？

还是少女的林徽因是否也爱着徐志摩？

林徽因在《人生》这首诗里，有这样的句子，颇能打动人心：

你的存在
则是我胸前心跳里
五色的绚彩
但我们彼此交错
并未彼此留难。

如果康桥之恋真实存在，那么，林徽因为何最终没有选择徐志摩？

有人说，林徽因是个理性的女人，之所以没有选择徐志摩，是因为不想要他为了她而抛妻弃子。徐志摩虽然风流倜傥、温文尔雅，却早已是两个孩子的父亲了。也许是因为太年轻，他遵从父母的意愿，娶了从未谋面的张幼仪，挣扎于无爱的婚姻里。遇见林徽因后，追求婚恋自由，追求灵魂之伴侣，就成了他勇敢对抗封建婚姻的动力。然而，为了早点结束无爱的婚姻，获得新生，也使得他对张幼仪薄情寡义，甚至不去尽丈夫的责任和义务。当他认识林徽因后，立即陷入了情网，认定她就是他梦寐以求的灵魂之伴侣。他在诗中唱道：

> 草上的露珠儿
> 颗颗是透明的水晶球，
> 新归来的燕儿
> 在旧巢里呢喃个不休；
> 诗人哟！可不是春至人间
> 还不开放你
> 创造的喷泉，
> 嗤嗤！吐不尽南山北山的璠瑜，
> 洒不完东海西海的琼珠，
> 融和琴瑟箫声的音韵，
> 饮餐星辰日月的光明！

林徽因并没有回应。

徐志摩穷追不舍，每天一封信地写给林徽因。每当接到徐志摩的信，林徽因都惶惑不安，心情格外沉郁，甚至不知所措。徐志摩向她倾诉自己的哀怨，就像一根刺扎在她的心上，让她茫然不知所措。她不理解为什么一个如此深情的男子，另一面却是冷漠无情，可以抛弃妻子？她清楚地知道，这不是一场完美的爱情，因为在感情的另一端，还有一个温柔的女人，伺候公婆，养育儿子，安分守家，她不能以牺牲第三人来换取爱情，她更不能作茧自缚，让自己陷入纠结而无果的情感里，她甚至同情和怜悯那个柔情似水的女子。

既然爱与拥有已经相互碰撞，既然没有在对的时间遇上对的人，那么，离去就是最好的选择。

不能不说，林徽因是理智的，大气凛然，以一种飘逸出尘的姿势，走出徐志摩的倾慕和痴缠。在滚滚红尘中，如一朵洁净的白莲花，清澈着，动人着。她提起笔，写下了《情愿》这样一首令人惊叹的诗歌，也算是给徐志摩一个交代：

我情愿化成一片落叶，
让风吹雨打到处飘零；
或流云一朵，在澄蓝天，
和大地再没有些牵连。

但抱紧那伤心的标志，
去触遇没着落的怅惘；
在黄昏，夜半，蹑着脚走，
全是空虚，再莫有温柔；

忘掉曾有这世界；有你；
哀悼谁又曾有过爱恋；

落花似的落尽，忘了去
这些个泪点里的情绪。

到那天一切都不存留，
比一闪光，一息风更少
痕迹，你也要忘掉了我
曾经在这个世界里活过。

世人都以为转身后，爱会化成相思，让人一世沉醉。可她——林徽因却能心若莲灯，做到不留痕迹。

若非有真正的智慧，又怎能稳稳抓住幸福？

林徽因的聪明理智绝无仅有，那是岁月的凝练、世事的练达，让她在静谧的光阴里，看透了坎坷和华丽。从不谙世事的少女，到洞悉一切的智者，身处繁华婆娑的红尘，经历的每一次痛苦，都是智慧的一抹曙光。从她的身上，我们可以懂得，智慧不仅仅是与生俱来的聪明，而且是疼痛后的彻悟。

徐志摩写给林徽因的所有诗歌，都把无奈跃然纸上。也许，沉醉在爱情里的他还不知道这是一场错位的爱情。

他虽然和林长民是挚友，他的飘逸、潇洒，以及他浪漫的诗情和不同凡响的才气，让林长民欣赏有加。但是，作为林徽因的父亲，林长民是清醒和理智的，他知道，徐志摩已有家室，他自己和好友梁启超也有过口头之约——将林徽因许配给梁思成。徐志摩对他女儿的追求，他不横加干涉，但也不鼓励；那个时候林徽因还太小，也许还没有做好恋爱的准备，面对徐志摩疾风暴雨般的追求，她害怕、胆怯、明智地极力避开。林徽因的理智终止了这场错误的爱情。

1921年10月，林徽因跟随出国考察期满的父亲林长民登上了海轮"波罗加"号回国，甚至来不及和徐志摩道别。爱情有的时候是不需要拥有的，爱，就够了。何必要死要活，扫除一切障碍，让所有人伤得体无完肤？林徽因是不肯以牺牲第三人来换取自己的幸福的。

她曾说："他如果活着，我待他仍不能改变，事实上也是不大可能，也许那就是我不够爱他的缘故。"

不够爱他也好，传统观念浓郁也罢，在爱情的选择上，林徽因是高尚的、理智的。虽然，人生总是不够完美，爱情与现实往往会发生碰撞，此事古难全。聚散离合，总有些难以割舍的情感，在不情愿间，在心痛不已间，烟消云散。回国后，林徽因继续在培华女子学校读书，她依然清纯淡雅、清心寡欲，携一颗从容淡泊之心，看人世间红尘浮华，抛弃不悦，懂得退让，只为不负这一世韶光。

也许，林徽因和徐志摩的相遇，只是人世间的一场折子戏，落幕了就不必再沉浸在过去的感情里，因为，还会有一场场的戏，开始上演。

那把秋天的扇子

"莫道不消魂，帘卷西风，人比黄花瘦。"

林徽因的离去，让已陷入情感旋涡的徐志摩痛心不已。康桥上，他那失魂落魄的身影和徘徊的脚步声令人心碎，他是在寻找林徽因曾踏过的足迹吗？

从此，一首首诗歌从徐志摩的笔下流出，那些痛苦和思念的句子，抚慰着他虚空的落寞；康桥、月色、河水以及花草树木，都成为他诗歌的意象。他垂下目光，极力忘记那温暖的来路，清澈的双眸荡起层层碧波，山川暗淡，所有的思念都停留在那曾经温馨的一刻,多少假想的徘徊,被他的忧伤缠绕。

"最是那一低头的温柔,像一朵水莲花不胜凉风的娇羞。"徐志摩写下这样的诗句。他知道,林徽因就是岁月长河里那朵不败的青莲,温存如玉地镶嵌在他的记忆中,婀娜美丽、婉约知性、内敛自持、纤尘不染。

林徽因走后,康桥给了徐志摩无限的感慨和灵感,这些感慨和灵感沿着康桥的阶梯,起伏,闪烁。

> 那年的秋季我一个人回到康桥,整整有一学年,那时我才有机会接近真正的康桥生活,同时,我也慢慢地"发现"了康桥。我不曾知道过更大的愉快。

林徽因已经独自背着行囊远行,她的倩影却留在徐志摩的脑海里挥之不去:

> 我这一辈子就只那一春,说也可怜,算是不曾虚度。就只那一春,我的生活是自然的,是真愉快的!(虽则碰巧那也是我最感受人生痛苦的时期。)我那时有的是闲暇,有的是自由,有的是绝对单纯的机会。说也奇怪,竟像是第一次,我辨认了星月的光明,草的青,花的香,流水的殷勤,我能忘记那初春的睥睨吗?曾经有多少个清晨,我独自冒着冷去薄霜铺地的林子里闲步——为听鸟语,为盼朝阳,为寻泥土里渐次苏醒的花草,为体会最微细最神妙的春信。

失恋的徐志摩轻吟风的歌声,在大地的面颊上飞舞,"寻灵魂之伴侣,得之,我幸;不得,我命。"这般泣血的呼唤,如一瓣飞花、一片落叶,翻山越岭,能否传到林徽因的耳中?

林徽因遇到徐志摩时还不到十八岁,那是她生命中遇到的第一次爱情。

但是，面对徐志摩如火的攻势，她没有迷离，没有沦陷，在他让她满足了所有对爱情的向往后，她却选择转身离去，坦然、决绝。每临大事有静气，方为大家风范。

其实，我们常常和一些人不期而遇，又在寂静的时光里渐行渐远。心静神定，泰然自若，方寸不乱，进退有据，你才不会被红尘里的喧嚣和嘈杂所左右，为人处世就不会过于轻率。

当年，徐志摩追随罗素弃美赴英，却扑了个空，万分失望和寂寞难挨时，要求妻子张幼仪赴英团聚。1920年的冬天，天气格外寒冷。应丈夫的要求，张幼仪千里迢迢来到英国。当她第一眼看见心不在焉的徐志摩时，"心一下子凉了一大截"。在沙士顿的日子，他们怀着不同的心境住在一起。张幼仪把能和丈夫朝夕相处的日子作为最美的时光，徐志摩却游移在林徽因和张幼仪之间，在爱情与婚姻之间做着比较和取舍。张幼仪的到来，更让他狠下决心去追求灵魂之伴侣。尽管张幼仪极力维护夫妻情分，尽着妻子的责任，但落花有意，流水无情。无论如何，她都走不进徐志摩的心里。

沉闷乏味的生活，让徐志摩的精神萎靡。只有林徽因的倩影在其头脑里招摇时，他才有一丝生气。身在异国他乡的张幼仪，要适应陌生的环境和生活，还要忍受丈夫的种种轻视和冷落，悲怆和凄凉时时摄住她的心！她后来回忆说：

> 我来英国的目的本来是要夫唱妇随，学些西方学问的，没想到做的尽是清房子、洗衣服、买吃的和煮东西这些事……他的心思飞到别处去了，放在书本文学、东西文化上面……我没法子让徐志摩了解我是谁，他根本不和我说话……我和自己的丈夫在一起的时候，情况总是："你懂什么？""你能说什么？……"

世人谁不追求真爱？谁不希望地老天荒？张幼仪的心情如何不沉重？

有着中世纪英格兰郊野古典韵味的沙士顿，曾让张幼仪无限欣喜，她想象着和丈夫在一起一定会很甜蜜。也许她不知道，丈夫每天都要把信投进剑桥路边的一个邮筒里，那是写给林徽因的信，那信上跳跃着炽热的话语："爱就是让人成为人，你懂得爱了，你成人的机缘就到了。""如果有一天我获得了你的爱，那么我飘零的生命就有了归宿，只有爱才能让我匆匆行进的脚步停下，让我在你的身边停留一小会儿吧，你知道忧伤正像锯子锯着我的灵魂……""当我的心为一个人燃烧的时候，我便是这天底下最最幸运又是最最苦痛的人了，你给予我从未经历的一切，让我知道生命真是上帝了不起的杰作。""也许，从现在起，爱、自由、美将会成为我终其一生的追求，但我以为，爱，还是人生第一件伟大的事业，生命中没有爱的自由，也就不会有其他别的自由了。"……

徐志摩浪漫而天真，他把无爱的婚姻看作坟墓，试图挣脱羁绊，却追寻灵魂伴侣，他遇上了林徽因，她的清雅、理智和聪明，让他们注定情深缘浅。

终于有一天，张幼仪从邮差的手里接过一封信，她无意间读了信，她的世界坍塌了。她知道，婚姻把她和徐志摩绑在一起，是一件多么荒唐的事，如今，他要挣脱飞走了，留给她的只有痛苦和忧伤！

这个时候，她腹中的小生命踢了她一脚，她惊醒了，也许，这个孩子能够挽救他们濒临死亡的婚姻。谁知，徐志摩知道后，冷漠地叫她去打胎。她怯生生地告诉他，打胎会危及生命。他竟然吼道，火车还轧死过人，难道就不坐火车了？她的心，彻底凉了。紧接着，徐志摩竟不辞而别，把她扔在陌生的英格兰小镇，不再见她。

在异国他乡惨遭遗弃，张幼仪的悲伤可想而知。

国内的徐申如得知儿子和张幼仪的关系破裂，频频来信，言辞激烈地训斥徐志摩，说如果他抛弃张幼仪，他将登报宣布脱离父子关系，同时，将家政大权交给张幼仪掌管。

就在张幼仪在德国生下第二个儿子的一周后，徐志摩赶来提出离婚，张幼仪痛快地答应了他。她懂得留住人也留不住心，既然已成定局，为何不放手？

拿到张幼仪签字的离婚书，徐志摩兴奋地写道：

一

这烦恼结，是谁家扭得水尖儿难透？
这千缕万缕烦恼结是谁家忍心机织？
这结里多少泪痕血迹，应化沉碧！
忠孝节义——咳，忠孝节义谢你维系
四千年史髅不绝，
却不过把人道灵魂磨成粉屑，
黄海不潮，昆仑叹息，
四万万生灵，心死神灭，中原鬼泣！
咳，忠孝节义！

二

东方晓，到底明复出，
如今这盘糊涂账，
如何清结？

三

莫焦急，万事在人为，只消耐心
共解烦恼结。

虽严密，是结，总有丝缕可觅，
莫怨手指儿酸、眼珠儿倦，
可不是抬头已见，快努力！

四

如何！毕竟解散，烦恼难结，烦恼苦结。
来，如今放开容颜喜笑，握手相劳；
此去清风白日，自由道风景好。
听身后一片声欢，争到解散了结儿，
消除了烦恼！

从此，张幼仪在另一个陌生的国度，开始了读书生活，她把痛苦深深地埋在心底，啃噬自己的寂寞。当午后的日影推着黯淡的步子西沉，她却为了今后能够独立地生活，拼命地奋斗。她知道，只有靠自己，生活才有亮色。坚强，是弥补生活的遗憾和残缺的。虽然，她是不情愿地因为徐志摩成为中国第一桩文明离婚案的女主角，但仿佛风把她推到悬崖上，无助、无奈、凉意从脚下一寸寸地浮了上来。

从此，她称自己"是一把秋天的扇子，是个被人遗弃的妻子"。

徐志摩挣脱了无爱婚姻，立即想起"最是那一低头的温柔"的林徽因。他又一次扔下唾手可得的博士学位，离开英国回国。他能如愿以偿地得到林徽因的爱吗？

他的天真，又一次害了他，命运是如此盲目、鲁钝而任性。

就像他根本不顾张幼仪的心情和痛苦，一心只求离婚，挣脱婚姻的束缚一样，他没有问问林徽因是否愿意嫁给他，他爱林徽因爱到骨头里，可现实残酷，每个人都有自己的选择和道路，正如他自己说的："你有你的，我有我的，方向。"因此，骨头里没有开出花朵来。

那"最是一低头的温柔"属于谁？

康桥再会吧

"花自飘零水自流。"当年，李清照写下这千古名句时，是否想到此句会是后世一位大诗人的命运写照？

当任性而天真的徐志摩就要离开英国时，他信步来到康桥，寻觅他和林徽因曾经的足迹。秀美、灿若夏荷的她，是否在等着自己？他感觉自己内心暗涌的潮水在激烈地翻卷，如风中浪花，快乐地汹涌，一种明亮、浓烈、无法控制的兴奋，让他迎向清新而寒冷的风，将一首《康桥再会吧》吟诵出来：

> 康桥，再会吧；
> 我心头盛满了别离的情绪，
> ……
> 我每想人生多少跋涉劳苦，
> 多少牺牲，都只是枉费无补，
> ……
> 我但自喜楼高车快的文明，
> 不曾将我的心灵污抹，今日
> 我对此古风古色，桥影藻密，
> 依然能坦胸相见，惺惺惜别。
> ……

> 我必首数康桥，在温清冬夜
> 蜡梅前，再细辨此日相与况味；
> 设如我星明有福，素愿竟酬，
> 则来春花香时节，当复西航，
> 重来此地，再捡起诗针诗线，
> 绣我理想生命的鲜花，实现
> 年来梦境缠绵的销魂足迹，
> 散香柔韵节，增媚河上风流；
> 故我别意虽深，我愿望亦密，
> 昨宵明月照林，我已向倾吐
> 心胸的蕴积，今晨雨色凄清，
> 小鸟无欢，难道也为是怅别
> 情深，累藤长草茂，涕泪交零！
> ……

诗人徐志摩的"涕泪交零"是对一段感情的祭奠吗？祭奠后，是否重新开始生活？

1922年9月，也就是林徽因回国的第二年，徐志摩搭乘日本商船"三岛号"，转道日本回国。一路上，他的心里，被林徽因的影子占满了，再也装不下其他。归心似箭的他，抑制不住诗情，流放的诗句，在海天一色中沉吟：

> 无量数的浪花，各各不同，各有奇趣的花样，
> 一树上没有两张相同的叶片，
> 天上没有两朵相同的云彩。

他一回国,就听说"林徽因与梁启超的大公子婚事已有成言"。泪水一瞬间充盈眼眶。

梦,碎得很壮烈,又无声无息地凄凉。

如今,谁的叹息,丝丝缕缕,缠绕着爱与哀愁的香气?

阳光透过树荫碎落在徐志摩的身上,他却感到那么惆怅、那么凄凉,凉透了他的心。

终于忍不住心里的煎熬,徐志摩踏上了北上的列车,然后,走进北京景山西街雪池胡同7号林宅。

也许,他明白,来了又怎么样?会改变林徽因的决定吗?可他还是来了。就像拣尽寒枝不肯栖的鸟儿,怀揣着梦想,迎着那不落的容颜,款款地走来。

在林家书房里的墙壁上,徐志摩看到了福建老诗人陈石遗赠给林长民的诗:

七年不见林宗孟,划去长髯貌瘦劲。
入都五旬仅两面,但觉心亲非面敬。
小妻两人皆揖我,常服黑色无妆靓。
……
长者有女年十八,游学欧洲高志行。
君言新会梁氏子,已许为婚但未聘。

林长民热情地接待了徐志摩,兴致勃勃地请他喝绍兴的花雕酒,两个人谈兴浓烈,气氛融洽。遗憾的是,徐志摩没有见到林徽因。

多年后,林徽因写道:"志摩认真的诗情,绝不含有丝毫的矫伪,他那种痴,那种孩子似的天真实能令人惊讶。"

徐志摩陷入了感情的旋涡不能自拔,他的《再别康桥》已在国内流传,这位海外归来的赤子、梁启超的弟子，名噪一时，头顶光环闪耀。不久，就有人安排了一次公开活动，并约请徐志摩做了一场艺术与人生的讲演。当身穿绸夹袍、外套小背心、浑身上下充满了诗人气质的徐志摩走上台时，台下掌声热烈，经久不息。徐志摩兴奋地看着台下的听众，伸手摆了摆，听众安静下来。他朗朗地开始了他的演讲，他要把自己对艺术与人生的见解，毫不保留地告诉大家。谁知，就在他抬头扫视听众时，他看见了林徽因坐在观众席上，他愣住了，大脑顿时一片空白。虽然，他反复告诫自己，要集中精力演讲，可还是没有达到预期的目的。他的懊悔如潮如浪，汹涌澎湃。

徐志摩，已经无计可施。

要是你能有一丁点儿喜欢我就好了，我会细心地培育那微弱的火苗，直到它有一天变成熊熊烈焰。徐志摩在心里默默地祈祷着。

梁思成曾说："不管徐志摩向林徽因求婚这段插曲造成过什么其他的困扰，但这些年徽因和她伤心透顶的母亲住在一起，使她想起离婚就恼火。在这起离婚事件中，一个失去爱情的妻子被抛弃，而她自己却要去代替她的位置。"

林徽因是传统的，她不能忽视张幼仪的存在。当徐志摩和张幼仪离婚的那一刻，也就注定了林徽因和徐志摩不可能走到一起。

在一段不被祝福的婚姻里，很难爱得从容。即使，她可以冲破种种束缚，但她的内心，却无法跨越这个障碍。爱的神圣，是不容亵渎的。

林徽因清醒而理智地放手，不为难别人，也成全自己。

也许，拒绝了徐志摩，林徽因也曾痛苦，就如同每个失恋的女人。但她却懂得从生活中找到快乐。她的世界除了恋爱还有更美好的事情，她不会为了任何人、任何事而折磨自己。她的智慧让她与更优秀的男人并肩前行，成就自己永恒的传奇。

当徐志摩看到林徽因的心已经完全属于梁思成的时候，他写下了这样的感叹："我将在茫茫人海中寻访我唯一之灵魂伴侣,得之,我幸;不得,我命。"

也许,这一刻,他终于明白了自己是在一个错误的时间,用错误的方式去爱对的那个人。

人和人走着走着就成了隔岸,对岸的你成了彼岸的他的风景。不管林徽因对徐志摩的感情是友情还是爱情,至少,这是一份到死都值得纪念的真情。

第三章 | 那一树的嫣红只为梦想绽开

> 桃花,那一树的嫣红,像是春说的一句话:朵朵露凝的娇艳,是一些玲珑的字眼。……
>
> ——林徽因《一首桃花》

滚滚红尘,缘来缘去,谁是林徽因的真命天子?循着爱情的脚步,牵着爱的衣襟,步步踏响爱的足音,林徽因终于和梁思成牵手。

抓住梦想的一瞬间,林徽因就像一朵展开千瓣的花朵,徜徉于凝固的音乐和天地之骨——建筑的梦想中。

引导梁思成学建筑,"那一晚你和我分定了方向"。林徽因和丈夫梁思成把建筑艺术创造与人们的日常生活紧密结合,当作自己最高的追求,努力填补中国建筑史的空白。

"谁爱这不息的变幻?"人生总是会发生一些意想不到的事情。一场车祸成了林徽因和梁思成爱情的助力。就像那一树的嫣红,"玲珑的字眼,一瓣瓣的光致",也让两个人梦想延伸,在一朵莲花的蕊里,凝聚成明日的向往。

尘埃落定

爱情该来的时候,一定会来,就像云卷云舒、花开花谢一样,无须约定。

1921年10月,林徽因的脚步再一次叩响了北平大街的土地,梁思成迎着她款款地走过去。他已经等得太久了。

爱的流云,拂过林徽因的心田,她伸出双手挽住爱情的吉光片羽。若梦的年华,循着爱情的脚步,牵着爱的衣襟,步步踏响爱的足音,万水千山的跨越,只为两颗心的靠近。

当夏日荷塘莲花盛开的时候,林徽因跟着父亲前来梁家做客。梁思成望着一袭白衣、亭亭玉立的林徽因,犹如隔世的相逢。细算一下,自三年前在林家客厅相见后,至今,已过去了多少时光?她却更加美丽,就如同那朵梦中的白莲花,温婉地舒缓在他的凝眸处。她站在窗前,朝他微笑,身后是柳丝和着雨丝在飘舞，绵延不绝，就像他和她的情和爱。

客厅里传来梁启超和林长民的开怀大笑，刚才，两个老朋友说定了梁思成和林徽因的婚事，并要求他们完成学业再结婚。

1922年，梁思成毕业在即，并考入清华学堂留美预科班。

梁启超和林长民两位老朋友再次约定了两个孩子的婚事，并决定送梁思成和林徽因一起去美国读书，待毕业后再谈婚事。这一年，梁思成二十一岁，林徽因十八岁。梁思成在林徽因去英国的日子里，完成了清华的学业。梁思成成绩优异，而且爱好广泛，多才多艺，会拉小提琴，会弹钢琴；他是校歌咏队队员，管乐队队长；他还是校美术社的骨干，担任校刊的美术编辑；他的钢笔画，遒劲潇洒，简洁清新；他更是清华大学有名的足球健将，并在校运动会获得过跳高第一名；他在体操方面也同样出类拔萃，双杠、单杠，燕子样地上下翻飞。清华学堂培养了他广泛的兴趣爱好和民主、科学的精神。

这样优秀的男孩，是绝对配得上林徽因的。

梁启超担心儿子接受西方教育，会丢掉中国的传统文化，便特意在每个假期给子女授课，传授国学知识，并让梁思成跟着自己在夜学堂里，潜心研究中国文化知识，其间梁思成和弟弟梁思永翻译了威尔斯的《世界史纲》，后由商务印书馆出版。梁思成像父亲一样在深深的庭院里，热情洋溢地讨论、学习和工作。父亲的教导深深地扎根在他的心里，梁思成成长为乐观开朗、不断进取、严谨扎实的有为青年。

林徽因和梁思成两个人，无论是家庭教养，还是文化素养，都特别接近。情趣的相投、爱好的一致，让他们的爱不断升华。梁思成不善言谈，却幽默诙谐，常常让林徽因忍俊不禁。更重要的是，他爱她，也欣赏她、珍惜她。林徽因深切地感到，当她谈笑风生时，只一个眼神，梁思成就懂了。那是心灵的碰撞、灵魂的交流。

林徽因曾在诗歌《仍然》中写道：

你又学叶叶的书篇随风吹展，
揭示你的每一个深思；每一角心境，
你的眼睛望着，我不断的在说话：
我却仍然没有回答，一片沉静
永远守住我的魂灵。

心灵的絮语，在月色深处，如百花次第绽放。

我携诗笺而来，只为今生遇见你。

那个时候，林徽因的家在北京景山后街的雪池胡同，大门的门楣上，"林寓"两个大字，显示出书香门第的风格。典雅的院落，精致的门窗，一株海棠花在曲廊的尽头，招摇着美丽。梁思成每次来看林徽因，都会先去拜访林母，他谦和有礼、举止文雅，很得林母的欢心和厚爱。

这无疑是他们婚姻的催化剂。

又是莲花盛开的季节，正在清华大学上学的梁思成参加学校的音乐演出，邀林徽因去观看。她兴致盎然地赶去清华学堂，坐在台下，眼睛一眨不眨地观看梁思成的横笛独奏。叮咚悦耳的笛音——清澈、温馨，她觉得爱恋的草丛在心里长出来，越来越茂盛，就像灯火一盏一盏地亮起，温暖的花一朵朵地盛开。

此刻痴情，一世情迷。

有一次，他们手牵手去逛太庙，刚进庙门，梁思成就没了踪影，林徽因转着圈地找他，诧异写满美丽的脸庞，忽听有人喊她的名字，左看右看，不见人影，循着声音望去，却见梁思成趴在大树上朝她调皮地笑着。

恋爱的时光，好灿烂、好温暖，就像明媚的四月，留下桃红柳绿的往事，一截香痕灿然回眸，见证了他们之间的爱情。

徐志摩回国后，林徽因参加了他创办的新月诗社，开始了她的写作生涯。一批早期的诗歌、短篇小说和散文，从她的笔下，就像小溪之水潺潺流出。梁思成曾说过："她第一次发表的作品是奥斯卡·王尔德的浪漫派散文诗的译文《夜莺与玫瑰》。我不知道它是在哪里发表的，但它可能是在北京或天津的一家报纸的文艺副刊上，那是新月社成员早期的重要园地。"林徽因还和徐志摩一起，向中国听众介绍西方的艺术成就，负责组织了提琴家弗里茨·克莱斯勒一次非常成功的音乐会，那是首次由一位西方艺术家把西方著名的古典音乐节目带到中国古都来上演。

林徽因大大方方地与徐志摩来往，至于情感，她把握得特别好，在如烟的往事中，她勇敢地面对自己的感情，她率真、真挚。她曾说："凡是在横溢奔放的情感中时，我便觉到抓住一种生活的意义，即使这横溢奔放的情感所发生的行为上纠纷是快乐与苦辣对渗的性质，我也不难过不在乎。"

梁思成是懂得林徽因的，他在拥有爱情的日子里，把徐志摩当作朋友，和爱妻一起去机场接他送他，和他一起参加学术沙龙。他从来不限制林徽因和徐志摩一起演戏、作诗。

若梦的年华，邂逅了爱情，林徽因看到了一个崭新靓丽的自己。

建筑艺术拨动了她的心弦

灵魂有香气，内心有风景。

林徽因用一生的辉煌成就了一个传奇，极致的优雅跨越百年风雨，在岁月的长河中，留下了不灭的身影，靠的是什么？不是她美丽的外貌，也不是她优雅迷人的气质，而是她曾引导丈夫走进建筑的迷宫，和丈夫一起填补了中国建筑史的空白，带着我们领略了建筑对于东西方历史和文化的意义。她是傲骨博学的科学家,她是想象力极其丰富的作家和诗人,她还是学识渊博、治学严谨的教育家。她用梦想点燃激情,在风云激荡的时代,像一朵洁净的白莲花,散发着迷人的芬芳。

正像她在诗歌《仍然》里写的那样:

你展开像个千瓣的花朵!
鲜妍是你的每一瓣,更有芳沁,
那温存袭人的花气,伴着晚凉:
我说花儿,这正是春的捉弄人,
来偷取人们的痴情!

林徽因的丈夫梁思成是建筑大师,他一生致力于建筑,成绩斐然。他常常沉溺于中国古建筑或娇美,或伟岸的身姿,感受它的质感,嗅品它的气息,和它进行温暖的交流。那披着千古之风的辽代寺庙群和云冈石窟,让他那曾经受伤的腰板挺得笔直;望着应县佛宫寺的木塔,他的灵魂已经穿透了世俗的云层;望着池水之畔、花木丛中、小山之巅的枫亭,他甚至觉得目光所及已无尘世。

而他爱上建筑,并将其作为终生的事业,孜孜不倦地为之奋斗,却是因为爱人林徽因。

林徽因跟着父亲去英国伦敦生活了两年,最大的收获就是喜欢上了建筑,并决定以此为终生的事业。但这个时候,中国的学校里并没有建筑专业,中国也没有一部建筑史。

当时,只有十七岁的林徽因抓住了梦想闪耀的瞬间,让梦想照进了现实。这是多么了不起的事!黛丝的话在耳旁回响:"菲利斯(林徽因的英文名字),你对建筑很有感觉,你在审美方面有着不可思议的灵感,你一定很适合当一名建筑师。"

"你展开像个千瓣的花朵。"

林徽因就像江南池塘里的那朵白莲，一点点地展开花瓣，她把"建筑师"三个字不动声色地放在心上，在异国他乡如歌地行走时，增添了新的内容，那就是观察不同地点的不同建筑。

她在少女时代就确立了理想，并坚定不移地去追寻它。渐渐地，建筑这门艺术融入了她的生活，并贯穿了她的一生，无论何种境况她都不曾改变。

从此，林徽因把建筑艺术创造与人们的日常生活紧密结合。为了填补中国建筑史的空白，她走遍了中国的广袤大地，遍访古建筑；翻山越岭，爬梁登高，到处寻访古桥、古堡、古楼和古塔，拂去岁月的积尘，勘定其年月，揣摩其结构，计算其尺寸，然后绘图、照相、归档。她和丈夫梁思成把青春的足迹，错错落落地刻印在了中华大地诸多的历史和地理场所；当她拖着虚弱的病体，以羸弱之躯钻研学术，撰文论述，站在讲台上传授建筑知识时，她的梦想之花已经灿然开放，绽放出了不一样的光彩。

林徽因的梦想仿佛是隐形的翅膀，带着她鹰一般飞翔。当她鸟瞰广袤的大地时，她下定了决心，要张扬着自我独立的品格，在建筑业中雕刻出最美的时光。

和你一起填补建筑史的空白

1921年夏天，林徽因回到了北京，并和梁思成确定了恋爱关系。对于两个人的未来，梁启超和林长民商定，送他们去美国深造。

夜色朦胧，林徽因和梁思成坐在荷塘边，仰望星空，谈起各自的理想。那个时候的梁思成还是个没有确定事业目标的大男孩，他徜徉在音乐和绘画领域，似乎要成为音乐家或画家，那是他理想的职业；像父亲梁启超一样从政也是他想做的。他在激越的梦想与失望的对抗中，寻找着梦想的出口。

林徽因侃侃而谈，对于未来，她笃定而自信。她告诉梁思成，从政需要磨炼，也需要天赋，古往今来，把政治之路走得顺风顺水的不多，她感兴趣的是建筑。

梁思成望着娇弱的林徽因，感到很意外，怎么也不能把"建筑"这个词和眼前这个柔弱的女孩联系在一起。

"建筑？你是说盖房子？"

看着梁思成疑惑的表情，林徽因想起自己当初也是这样充满疑问的。她笑了，轻启朱唇，温柔地解释道："更准确地说应该是architecture，叫'建筑学'或者'建筑艺术'吧，那是一门集艺术和工程于一体的一门科学。"接着，她向他谈起她所知道的建筑，谈起她在欧洲看到的那些"石头的史诗"和"凝固的音乐"。

那个春天，一片姹紫嫣红，林徽因约梁思成去京郊寻访古建筑，梁思成欣然同往。

空旷、远博的郊外一片明媚，鸟语花香，蜂飞蝶舞，让他们心情舒畅；花草树木的葱茏，让他们心旷神怡；紫禁城和香山的佛教寺庙，还有高耸的城墙和门楼，特别是巍峨挺拔的八达岭长城，让这对年轻的恋人流连忘返。

林徽因告诉梁思成，房子不仅可以遮风避雨，还是艺术美的体现，一个好的建筑师都是具有艺术细胞的。中国还没有建立起像西方这样的现代建筑科学，我们要去填补这一空白。

林徽因的话，如同一枚石子，投进了梁思成的心湖，激起串串涟漪。他一下就爱上了这些恣意绚丽的古建筑，他的梦想终于找到了合适的载体。他发现了一种比绘画、音乐还让他着迷的更加精彩、更加夺人心魄的职业——建筑。

一阵风刮了过来，梁思成确信自己和脚下的这片土地一脉相承、渊源深厚。

林徽因侃侃而谈，她画建筑图时那种微妙的感觉渗透心脾。梁思成望着神情坚定的她，只觉耳目一新，一直在研究绘画的他，感觉画建筑设计图也不难。他看到高耸的城墙和门楼环绕着春天的北京城，墙内，那无穷无尽的生活戏剧正在上演着。他的心里充满了喜悦，他不想做这些迷人景象的看客，他也想参与其中。

伫立在北京的街道上，两个年轻人仔细地观察城门、城楼以及飘逸的飞檐和廊柱，然后，梁思成问林徽因还想去哪里。

林徽因笑着告诉他，要看的地方太多了——居庸叠翠、卢沟晓月、玉泉垂虹、西山晴雪。

梁思成看着她如数家珍的样子，忙不迭地接过来说："还有琼岛春阴、金台夕照、蓟门烟树，那可是周朝燕国国都啊，到了唐朝，故都这片沃土就叫幽州城了。就是现在广安门一带，当年范阳节度使的驻地。"

林徽因崇拜地说："你的历史学得不错嘛。"

梁思成望着她莲花般美丽的脸庞，激动万分，说："我对古建筑的喜欢，丝毫不比你差，我与它们已经对视了千百年。"

沉思中的梁思成，连脸部轮廓都发生了变化——坚韧而棱角分明。

他的灵魂，终于等到了春天。

建筑事业从此成了他的终生事业，那些丰饶的建筑图纸，就是他不老的青春和神话。他会挽着"长将赭墨代胭脂"的林徽因的手，一起奋斗在这个当时并无人关注的领域。

还记得屠格涅夫说过："建筑是写在石头上的史诗。"人类的历史又何尝不是书写在石头上？进一步说，梁思成和林徽因的爱情史又何尝不是写在石头上？

从此，中国建筑的一砖一瓦、一塔一庙、一城一墙都让梁思成内心牵挂。游走在古建筑的壮大和从容中，他的灵感合着他的责任感，在石头上刻下了让人落泪千行的碑文。

梁思成和林徽因相伴，看过中国大部分的古建筑，一个个的古庙、木塔、城墙，像他喜欢的一幅幅画作，陪伴他走过生活的每一天。他感觉自己就是古建筑旁的一棵树，枝条静静地直刺蓝天，他的根却深深地扎在古建筑脚下的沃土里，不动声色地生长着。

梁思成牵着林徽因的手，行走在逐渐破译的古代建筑典籍含义的道路上，以他们灵巧的手指，驾驭着绘图笔，让已经消失的古建筑重新在国人的意识之中获得它们恰当的位置，即使在他们两个人羸病缠身之时，他们那依然未泯的幽默和毅力，仍然遗世独立在岁月中，捕捉着建筑的火花，绽放着生命的光芒。

有人这样定义梁思成和林徽因的爱情：梁思成，就是建筑的基础和梁柱——坚实、宏大；林徽因，就是飞檐、门窗和阑额——灵动、精致。

林徽因、梁思成对建筑事业的坚持，正像中国古建筑方、正、组、圆的建筑形态，坚韧地穿过岁月亘古的河流蜿蜒而来。

多年后，梁思成被公认为中国建筑学界的权威专家，他却念念不忘当年林徽因引导他走向建筑行业的经过。他告诉朋友们，他之所以选择建筑业作为自己终生奋斗的目标，完全是因为林徽因。他说，那时，林徽因刚从英国回来，在交谈中，她谈到以后要学建筑，他当时连建筑是什么都不知道。林徽因告诉他，那是包括艺术和工程技术为一体的一门科学，因为他喜爱绘画，所以，他也选择了建筑这个专业。

从此，林徽因和梁思成便走进了建筑科学和艺术的大门。

那场车祸让爱情瓜熟蒂落

谁也不会想到，一场车祸让林徽因和梁思成的爱情迅速升温。

1923年5月7日，梁思成骑着摩托车带着弟弟梁思永，从梁家大院的南长街去长安街和同学们会合，参加袁世凯政府和日本政府签订丧权辱国的"二十一条"国耻日周年抗议示威游行。十一点钟，在南长街街口，悲剧发生了。当他们转入大道时，被一辆轿车撞到摩托车的侧面，摩托车被撞翻了，他们重重地摔倒在地，梁思永被甩出老远，摩托车把梁思成压在下面。但坐在轿车里的官员命令他的车夫继续往前开。

梁思永的伤口流着血，他挣扎着站起来，发现哥哥躺在便道上不省人事，便立即跑回家里呼救："快！救救思成！他被撞伤了！"他满身是血的样子把家人吓坏了，他家的一个仆人奔向出事地点，把梁思成背了回来。梁思成脸色苍白，眼珠也不会动了。过了二十分钟，他才恢复了知觉，脸上也有了血色。梁启超俯身向他，他抓住父亲的手，说："爸爸，我是您的不孝儿子。在您和妈妈把我的全部身体交给我之前，我已把它毁坏了。不要管我，尤其不要告诉妈妈。大姐在哪儿？我怎么能见到她？"

梁启超的心差不多要碎了。他说："不要紧的，别害怕。"

医生赶来了，救护车把受了伤的梁思成送到医院。

很快，林徽因就赶到了医院，来到梁思成身边，她流出了心疼的泪水。梁思成看着她流泪的样子，眼角有细微的泪光闪动。林徽因带来的慰藉无以言喻，所有的伤痛都不算什么了。

"交丝结龙凤，镂彩织云霞。一寸同心缕，百年长命花。"梁思成心里吟诵着前人的这首小诗，内心一阵温暖。

梁启超安慰林徽因道:"思成的伤不要紧,医生说只是左腿骨折,几个星期就能恢复,你不要着急。"

医生为梁思成检查后,做出了错误的诊断:梁思成的腿伤不需要手术,静养一段时间就好了。其实,梁思成伤得很重,他左腿股骨头复合性骨折,脊椎挫伤,由于没有得到及时治疗,在随后的一个月内就动了三次手术,造成他的左腿比右腿短一厘米,跛足和脊椎伤的痛苦伴随了他一生。

林长民和夫人也赶到医院,两家人从中午一直守候到晚上,没有人离去,也没有人吃饭。林徽因守候在梁思成的病床前,他的每一声呻吟,都让她的心颤动不已。她双眉紧蹙,紧张和担心得把自己的嘴唇都咬出了血。

林徽因每天下午都来医院照顾梁思成,她银铃一样的笑声,是梁思成最好的良药;她聪明智慧的言谈举止,是梁思成可靠近的温暖;她美丽的容颜,让梁思成隐约感到了一种隔世的相逢。

在这段养病的日子里,梁思成在爱情的滋润下很快乐。在闷热的夏天,他躺在床上,抚摩着一直缠到腰间的绷带。他开始研读中国经典,从《论语》和《孟子》开始,消化以至背诵那些对自我修养有用的段落,然后,他又开始读《左传》和《战国策》。父亲要求他如果再有时间,就读点《荀子》。他的心沉浸在爱和知识的海洋里,舒展如莲花。

林徽因看着这个与她有着婚约的男子,因车祸躺在床上,忍受着伤痛的折磨,心疼不已,这让梁思成非常感动。每天下午,徽因来了,就是他心情最好的时刻。他看着她活泼快乐的样子:她坐在他的床边,热烈地同他交谈,开玩笑或安慰他,喂他水、饭,给他擦身子,给他读报纸,千方百计地让他高兴。她的笑靥是水的映影、风的轻歌。她蓬松的鬈发,散乱地挨着他的耳朵,"轻软如同花影,痒痒的甜蜜涌进了你的心窝"。

之后,林徽因向学校请了假,便一直守在梁思成身边。

一天,林徽因拿起当天的《晨报》翻阅,然后,调皮而神秘地凑到梁思成耳边,悄声说:"你成明星啦!"那声音多像鸟儿啁啾、花儿开放一样的好听啊。

梁思成接过报纸,见他撞车的消息赫然登在头版,他苦笑着说:"这我倒不感兴趣,你在这儿陪我,就三生有福了。"

两个年轻人的笑声,让坐在一旁的思成母亲皱起了眉头。

虚弱的梁思成每每在林徽因的帮助下,才能翻动一次身子,就这么个动作,足以让他大汗淋漓。林徽因顾不得擦自己的汗,便用温水绞了毛巾,轻柔地在梁思成的额上擦拭。每到这个时候,李夫人便不无愠色地抢过毛巾。梁启超却很高兴。他深知李夫人对现代女性的成见,每到这时便出来打圆场:"这些本来就是徽因的事嘛!"

耳鬓厮磨的相处,就好像打开一扇窗子,会有一束阳光从窗外照进来,阳光照进来的空间,正是每个人神秘的心灵休憩的地方。那个小窗外面,连接着的是广袤的宇宙、世间的万物,都和你息息相通。

梁思成阅读着爱情的神奇,感悟着生命的真谛。梁思成感叹:"我终于看见了你内心的花朵。"

星光飘进窗口,此刻的林徽因正在吟诵一首爱情小诗,表达着爱一个人和牵挂一个人的遗憾和伤感。

祸兮福兮?梁思成遭遇了这场车祸,却赢得了林徽因的爱。仿佛走过无数坎坷颠簸之后,终于抵达目的地。那是一个安静晴朗的去处,正花好月圆。

真的要感谢那场有惊无险的车祸,让梁思成和林徽因的感情迅速升温,也让两个人的梦想延伸,在一朵莲花的花蕊里,凝聚成对明日的向往。

因为车祸,梁思成去美国深造的日子只能推迟一年,但他和林徽因的爱情却更成熟了。

第四章 | 有你便是最好的时光

作为女人，林徽因渴望爱情，但她却能理智地处理好爱情，让自己的生命之花按照自己的方式开放，生命中那无意的宁静，让她洒脱而坚定。

徐志摩将爱情当作一件伟大的事业，他不甘心失去林徽因："让我花掉一整幅青春，用来寻你。"面对徐志摩如火般的追求，林徽因清楚地知道自己想要什么，因此，她对感情收放自如、拿捏得当。

倚着岁月门扉莞尔浅笑。当林徽因聪明地选择了踏实的梁思成，而拒绝了徐志摩时，她也曾痛苦过，但她懂得天下岂有圆满之结果，所以，她不会迷失。

徐志摩向泰戈尔倾诉了他的爱，请他做媒，但心若莲灯的林徽因再次拒绝了徐志摩。

生命中无意的宁静

比爱情更沉重的是分离。

林徽因的不辞而别,让徐志摩痛苦万分,他的脑海里,挥之不去的是她的影子,透过思念的面纱,他看见那个牵动了他灵魂的影子若隐若现。不到一年,任性而天真的他就像离美赴英时一样,毅然扔掉唾手可得的博士学位,离英回国。

当梁启超得知他的学生徐志摩同林徽因在英国的恋情时,一丝丝的不安涌上心头。他特别担心,他怕徐志摩辍学回国后和林徽因旧情复燃。如果这样,自己没有面子不说,儿子梁思成的感情将受到伤害。于是,他给自己的弟子徐志摩写了封长信,言辞激烈地批评了他同张幼仪的离婚:

其一，万不容以他人之苦痛，易自己之快乐。弟之此举，其于弟将来之快乐能得与否，殆茫如捕风，然先已予多数人以无量之苦痛。其二，恋爱神圣为今之少年所乐道，兹事盖可遇而不可求。……况多情多感之人，其幻象起落鹘突，而得满足得宁帖也极难。所梦想之神圣境界恐终不可得，徒以烦恼终其身已耳。呜呼志摩！天下岂有圆满之宇宙？……若沉迷于不可必得之梦境，挫折数次，生意尽矣，忧悒佗傺以死，死为无名。死犹可矣，最可畏者，不死不生而堕落至不复能自拔。呜呼志摩，可无惧耶！可无惧耶！

徐志摩接到老师的信后，咀嚼那肺腑之言后，并不认同，他追求爱、自由和美，是没有错的。他立即拿起笔，给老师回信。他不承认他是以他人的痛苦来换取自己的快乐：

我之甘冒世之不韪，竭全力以斗者，非特求免凶惨之苦痛，实求良心之安顿，求人格之确立，求灵魂之救度耳。人谁不求庸德？人谁不安现成？人谁不畏艰险？然且有突围而出者，夫岂得已而然哉？

他承认爱情是可遇而不可求的，但他不能不去追求：

我将在茫茫人海中，寻我唯一灵魂之伴侣，得之，我幸；不得，我命。如此而已。

徐志摩坚信他自己的理想是可以创造培养出来的：

嗟夫吾师！我尝奋我灵魂之精髓，以凝成一理想之明珠，涵之以热满之心血，朗照我深奥之灵府。而庸俗忌之嫉之，辄欲麻木其灵魂，捣碎其理想，杀灭其希望，污毁其纯洁！我之不流入堕落，流入庸懦，流入卑污，其几亦微矣！

理想主义也许是单纯的、天真的、寂寞的，但徐志摩仍在坚持。他在当时旧的社会环境中，在封建思想的层层包围下，仍敢于挑战旧的封建礼教，以"爱、自由、美"这样一种特立独行的姿势，行走在生命的旅途中。

胡适说："他的人生观真的是一种'单纯信仰'，这里面只有三个大字：一个是'爱'，一个是'自由'，一个是'美'。他梦想这三个理想的条件能够合在一个人生里，这是他的'单纯信仰'。他的一生的历史，只是他追求这个单纯信仰的实现的历史。"

徐志摩挣脱了婚姻的羁绊，是否能够如愿以偿地得到他理想中的爱情呢？

让梁启超感到欣慰的是，聪明的林徽因并没有接受徐志摩的追求，一场车祸又给这对恋人提供了密切接触的机会，让两个人的感情升温。压在梁启超心上的大石头落下了，他高兴地给大女儿思顺写信说道："老夫的眼力不错吧，徽因又是我第二回的成功。"梁启超的思想是开通的，他为儿女的婚姻很是操心，但是做法确是新潮的，由他看好一个人，然后介绍给孩子，最后，由孩子自己决定。他说："这真是最理想的婚姻制度。"

1923年，徐志摩在北京西单石虎胡同7号租了个院子，成立了"新月社"，并创办了《新月》杂志。当时，新月社几乎成为北京知识界的社交地，文化活动频繁，"新年有年会，元宵有灯会，还有古琴会、书画会、读书会……有舒服的沙发躺，有可口的饭菜吃，有相当的书报看"。新月社云集了梁启超、丁文江、林长民、陈源、林语堂、徐申如、王庚、陆小曼、余上沅、丁西林、凌叔华等大批文化界名流，成员们品茶、喝酒、谈政治、说文化，怡情养性。徐志摩解释新月社的名称时这样说："……虽则不是一个怎样强有力的象征，但它那纤弱的一弯分明暗示着、怀抱着未来的圆满。"其浪漫主义情怀可见一斑。其实，徐志摩用"新月"来命名诗刊和诗社的名字，是受印度大诗人泰戈尔的散文诗集《新月集》的启发。他特别喜欢"新月"两个字，20世纪20年代中后期，他和胡适、梁实秋等人在上海开书店、创办刊物，都取名为"新月书店"和"新月"，他本人也被称为"新月派"诗人。

此时，林徽因已经从培华女子学校毕业，并考取了赴美半官费留学资格，准备和梁思成一起去美国学习。她虽然没有加入新月社，却在这一时期开始了她的文学创作，并进入北京知识界的社交圈从事文化活动，她常常和表姐王孟瑜、曾语儿一起参加各种文艺、游艺活动。

林徽因的诗作《笑》《深夜里听到乐声》《情愿》《仍然》四首诗入选由新月派诗人陈梦家选编的《新月诗选》。

宁愿此爱淡若茶

江南烟雨，滋润着林徽因玲珑的诗心，杭州幽深的历史，还有那布满青苔的青石板小路，给了她梦想和灵感，古老的江南，似乎把灵气和才华全都倾泻给了她。她心无旁骛地参与徐志摩组织的新月诗社的活动，沉下心来写诗，像一朵花张开了所有浓妍，令人心醉。

深知无缘牵手林徽因的徐志摩，被迷离的幻象、模糊的浮影所迷醉，他的心总是游走于微明的清晨和冷寂的昏暮，一丝淡淡的苦味如浓茶一样，伏在他的心头。这个时候，他把一颗心完全交给了他的"新月"。

那段日子，徐志摩倾情于新月社的活动，把大量的精力全部投入进去，如同森林里一片鲜亮的叶子，鲜活地装点着中国新诗的天空。他写了首《石虎胡同七号》，深情地记录着当时新月社的生活：

我们的小园庭，有时荡漾着无限温柔：
善笑的藤娘，袒酥怀任团团的柿掌绸缪，
百尺的槐翁，在微风中俯身将棠姑抱搂，
黄狗在篱边，守候睡熟的珀儿，它的小友
小雀儿新制求婚的艳曲，在媚唱无休——
我们的小园庭，有时荡漾着无限温柔。
我们的小园庭，有时淡描着依稀的梦景；
雨过的苍茫与满庭荫绿，织成无声幽冥，
小蛙独坐在残兰的胸前，听隔院蚓鸣，
一片化不尽的雨云，倦展在老槐树顶，
掠檐前作圆形的舞旋，是蝙蝠，还是蜻蜓？
我们的小园庭，有时淡描着依稀的梦景。
我们的小园庭，有时轻喟着一声奈何；
奈何在暴雨时，雨槌下捣烂鲜红无数，
奈何在新秋时，未凋的青叶惆怅地辞树，
奈何在深夜里，月儿乘云艇归去，西墙已度，
远巷薙露的乐音，一阵阵被冷风吹过——
我们的小园庭，有时轻喟着一声奈何。
我们的小园庭，有时沉浸在快乐之中；
雨后的黄昏，满院只美荫，清香与凉风，
大量的蹇翁，巨樽在手，蹇足直指天空，

一斤，两斤，杯底喝尽，满怀酒欢，满面酒红，
　　连珠的笑响中，浮沉着神仙似的酒翁——
　　我们的小园庭，有时沉浸在快乐之中。

如果说，那脱尽尘埃、清澈秀逸的康桥，是诗人在异国的"楼高车快"的现代生活之外找寻的一块精神净土，那么，北京西单牌楼石虎胡同7号，则是诗人在风雨摇荡的故国古都觅到的一块生存绿洲。失恋后的心，在追求和向往的"诗化生活"中暂时淡化，这样一个宁静和谐的世界，是灵魂的栖息地，尽管如此，但浪漫狂放飘逸的他，终究忘不掉林徽因。

1924年4月，印度诗人泰戈尔来中国访问，作为泰戈尔翻译的徐志摩，全程接待，这让他有机会又一次与林徽因不期而遇。见到林徽因的那一刻，他的心里，再一次燃起熊熊的爱恋之焰。

泰戈尔访华的消息一经传出，便轰动了整个中国，北京各大媒体纷纷报道，向读者介绍泰戈尔其人其作品，知识界的文化人们做着各方面的准备。徐志摩本人一直处于亢奋之中，他对曾荣获诺贝尔文学奖的大文豪泰戈尔无比崇拜。泰戈尔的那首《世界上最远的距离》，徐志摩不知读了多少遍，已牢记在脑海。他的激情催生了千万朵鲜花，他的思绪开始在云月中穿行，一朵飞花、一片落叶，都在装点着他的神思。夜晚，他的笔尖在纸上快速移动，唰唰有声：《泰山日出》《泰戈尔来华》《泰戈尔的确期》等文章在报刊登出。

徐志摩在他的文章里，表达了对泰戈尔的无比敬仰。

1924年4月12日，泰戈尔一行乘坐"热田丸"号轮船来到上海。年逾花甲的泰戈尔，身穿棕色长袍，头戴红色软帽，银白胡须微微拂动，面带笑容，伫立在甲板上，向欢迎的人群双手合十致意。

徐志摩的眼里，泪光闪闪。

然后，他又陪同泰戈尔一行去了杭州畅游西湖。夏风轻抚，他诗兴大发，坐在一棵海棠树下通宵达旦地作诗。

4月23日，泰戈尔乘坐的火车徐徐停在北京火车站。梁启超、林长民、蔡元培、胡适、蒋梦麟、梁漱溟、辜鸿铭、熊希龄、范源濂、林徽因等人，前往车站迎接。

穿着得体、清新淡雅的林徽因，手捧一束红色的郁金香，如同一朵出水之莲，那迷人的姿态，是那样卓尔不群。

徐志摩在见到林徽因的那一瞬，心里电闪雷鸣、火花四溅，有诗句从心里流出："让我花掉一整幅的青春，用来寻你。"

林徽因已经选择了梁思成，她不可能接受徐志摩。

此刻的徐志摩凝视着她，他是多么希望她也爱他。他不知道，此生，他会得到她吗？

现在，他得全心全意地接待泰戈尔，他希望泰戈尔独具魅力的人格，可以给青年一代以深刻的启示，让大家像泰戈尔那样，一生都不断地努力，开发自己的天赋才智，吸收应有的营养，疏通我们原来瘀塞的心灵源泉。

在泰戈尔到来前，徐志摩曾热烈地写信给泰戈尔，并提前翻译了他的讲稿。听说泰戈尔患病，徐志摩便帮他推迟来访的时间，并为他准备了舒适的住处，那是在城西租的一间有暖气和现代设备的私宅。

此时中国几乎所有的报刊都登载了有关泰戈尔的文章，也有出特刊介绍的。泰戈尔的英文著作大部分已被译成中文，有的有多个译本。

林徽因在泰戈尔踏上中国土地的那一刻，一直在关注着他的行程，她每天看报纸，读泰戈尔的作品。当鹤发童颜的诗哲老人出现在她的眼前时，她激动地望着那位头戴红色柔帽、身穿浅棕色长袍的诗人，她竟然久久地伫立在那里，还是徐志摩轻轻地走到她的身边提醒她，她才像从梦中惊醒一样，跑上前去，献上自己手里的鲜花。

欢迎泰戈尔的聚会在北京日坛公园举行。

当林徽因、徐志摩搀扶着仙风道骨的大诗人泰戈尔走上讲台时，台下掌声雷动，欢呼声响彻云天。泰戈尔发表了深情的即兴演讲：

今天，我们集会在这个美丽的地方，象征着人类的和平、安康和丰足。多少个世纪以来，贸易、军事和其他职业的客人，不断地来到你们这儿。但在这以前，你们从来没有考虑邀请任何人，你们不是欣赏我个人的品格，而是把敬意奉献给新时代的春天……

现在，当我接近你们，我想用自己那颗对你们和亚洲伟大的未来充满希望的心，赢得你们的心。当你们的国家为着那未来的前途，站立起来，表达自己民族的精神，我们大家将分享那未来前途的愉快。我再次指出，不管真理从哪方来，我们都应该接受它，毫不迟疑地赞扬它。如果我们不接受它，我们的文明将是片面的、停滞的。科学给我们理智力量，它使我们具有能够获得自己理想价值积极意识的能力。

泰戈尔停顿下来，喝了口热茶，继续他的演讲，他的情绪明显地激昂起来：

为了从垂死的传统习惯的黑暗中走出来，我们十分需要这种探索。我们应该为此怀着感激的心情，转向人类活生生的心灵。

今天，我们彼此的命运是息息相关的。归根到底，社会是通过道德价值来抚育的，那些价值尽管随着时间的变化而变化，但仍然具有——道德精神。恶尽管能够显示胜利，但不是永恒的。

林徽因看着这位老人，看着他随风飘拂的银白色的长须，她知道，他是在对整个人类讲话。"在结束我的讲演之前，我想读一段我喜爱的诗句。"接下来，她听到了他洪亮的朗诵声：

  仰仗恶的帮助的人，建立了繁荣昌盛，
  依靠恶的帮助的人，战胜了他的仇敌，
  依赖恶的帮助的人，实现了他们的愿望，
  但是，有朝一日他们将彻底毁灭。

那朗朗的吟诵声，如同行云流水响彻云霄，让林徽因激动得热泪盈眶；而徐志摩的翻译，文采飞扬，林徽因不时地报以赞赏的目光和掌声。

演讲结束后，林徽因夸赞徐志摩翻译得特别好，令她想起当年他为自己读惠特曼诗歌的情景。

当天，北京的各大报纸争相报道欢迎泰戈尔的聚会消息，林徽因和徐志摩一左一右，相伴泰戈尔的大幅照片，刊登在多家报纸上，引起人们热议。

岁月彼岸的守候

"世界上最遥远的距离，不是生与死的距离，而是我站在你面前，你却不知道我爱你。"

诗圣泰戈尔的这句诗，感动和影响着世间多少恋人？

大文豪泰戈尔访华，在北京的欢迎聚会上，林徽因和徐志摩左右簇拥着他上台讲话，一时间，两个人的情事再次被媒体炒作，徐志摩旧情复燃，烈火一样燃烧，何时才能与灵魂之伴侣一起蝴蝶一样蹁跹？

5月8日,是泰戈尔的六十四岁生日,一场别开生面的祝寿会让大诗人在中国度过了一个不平凡的生日。

徐志摩是发起者,他为泰戈尔的庆生做了充分的准备:祝寿会由胡适主持,寿礼是十九张名画和一件名瓷,以及为诗人献赠的一个中文名字,由梁启超主持赠名典礼。

梁启超说,泰戈尔的名字"拉宾德拉"的意思是"太阳"与"雷",如日之异,如雷之震,所以中文应当译为"震旦",而"震旦"恰好又是古代印度称呼中国的名字。泰戈尔中文名为"震旦",也就象征着中印文化悠久的历史。再按照翻译规则名字前要加上姓氏,泰戈尔的中文名字前也要加上姓氏,印度古称天竺,因此诗人的中文名字,就应当为竺震旦。在一阵热烈的掌声中,泰戈尔当场获得了一枚刻有"竺震旦"的大印章。

徐志摩的新月社排演的泰戈尔的名剧《齐德拉》,使祝寿会走向了高潮。

剧中,林徽因饰公主齐德拉,张歆海饰王子阿顺那,徐志摩饰爱神,林长民饰春神。梁思成设计绘画了本剧的舞台背景。演员们动情的演出以及舞台上映出的"新月"影像,表达了新月社向《新月集》的作者泰戈尔致敬的意思。

用英语排演泰戈尔的名剧《齐德拉》,是新月社第一次做的尝试,当时,《晨报》副刊做过报道:

> 林宗孟(按,即林长民)君头发半白还有登台演剧的兴趣和勇气,真算难得。父女合演,空前美谈。第五幕爱神与春神谐谈,林、徐的滑稽神态,有独到之处。林女士徽音,态度音吐,并极佳妙。

《齐德拉》取材于印度史诗《摩诃婆罗多》中的故事。齐德拉是马尼浦国王和王后的女儿,也是他们唯一的孩子。她生得并不漂亮,国王想立她为储君，从小便让她像男孩子一样学习武艺。一天，齐德拉在山中打猎，遇到了邻国王子阿顺那，便一见倾心，生平第一次为自己平庸的相貌而苦恼。她向爱神祈求赐她美貌，哪怕就一天也好。爱神被她的虔诚所打动，答应赐她一年时间的美貌。齐德拉变成了美女，赢得了阿顺那王子的爱，并与王子如愿以偿地结了婚。婚后不久，王子吐露心声，说自己一直爱慕邻国英武的公主齐德拉。而这时的齐德拉，也早已不耐烦装扮美女。于是，她再次向爱神祈祷，请求收回赐予她的美貌。她在丈夫面前显露了自己真实的形象。

林徽因没有想到，自己入戏竟这么快，和徐志摩的配合特别默契，每一个动作、每一个眼神，都会被对方立即理解，他们似乎早已忘记自己是在台上演戏，台下还有那么多观众在看着自己。

演出结束后，泰戈尔在雷鸣般的掌声里，走上舞台。他慈爱地拥着林徽因的肩膀，赞美她的演技和真诚。

排练《齐德拉》时，徐志摩和林徽因朝夕相处，他对她的爱恋已万劫不复。

泰戈尔在北京停留的最后几天，徐志摩陪他游览了法源寺。初夏时节，丁香盛开，徐志摩诗兴大发，曾在树下作诗一首。梁启超写了对联纪念此事：

　　临流可奈清癯，第四桥边，呼棹过环碧；此意平生飞动，海棠影下，吹笛到天明。

天空爱上大地

泰戈尔走了，徐志摩陪他去了日本。在日本，徐志摩写下了他那首脍炙人口的小诗《沙扬娜拉》。不同国度的两代诗人洒泪而别，并相约来年在欧洲相会。

泰戈尔在华演讲的主要内容，编为《在华谈话录》，于1925年2月在印度加尔各答出版，扉页上写着："感谢我友徐志摩的介绍，得与伟大的中国人民相见，谨以此书为献。"

因为林徽因与徐志摩两人共同出演泰戈尔的名剧《齐德拉》，徐志摩和林徽因是一对情人的传言愈演愈烈。

痛苦中，徐志摩对泰戈尔倾诉了他的爱情，那爱如怨如诉，像被火焰灼烤，快要把他烧化了。他要在一见倾心的碧湖上，在雨后彩虹的光照下，舞出生命最深厚的温暖。老诗人很不理解甚至痛惜，两个如此般配、性情如此契合的人，为何不能在一起？大为感动的他从中做媒。泰戈尔为他们之间的感情作了一首诗：

> 天空的蔚蓝，
> 爱上了大地的碧绿，
> 他们之间的微风叹了声："唉！"

虽然有泰戈尔做媒，但林徽因却没有接受，她再一次关闭心扉，避开徐志摩烈火一样的爱情，并告诉他，她下个月就要与梁思成去美国留学了。

男未婚，女未嫁，林徽因为什么没有选择徐志摩？林徽因爱徐志摩吗？

他只是看到了徐志摩为爱沦陷，却没有看到林徽因的理智、承受和割舍。

5月20日，徐志摩陪同泰戈尔一行离开北京去太原。林徽因等人去火车站送行。

黄昏时分，列车快要启动了。泰戈尔从车窗向送行的人们双手合十，频频致意。

徐志摩顾不得挥手告别。他把满腔的离愁别绪倾泻在信纸上：

我真不知道我要说的是什么话,我已经好几次提起笔来想写,但是每次总是写不成篇。这两日我的头脑只是昏沉沉的,开着眼闭着眼都只见大前晚模糊的凄清的月色,照着我们不愿意的车辆,迟迟地向荒野里退缩。离别!怎么的能叫人相信?我想着了就要发疯,这么多的丝,谁能割得断?我的眼前又黑了!

车站上,林徽因静静地伫立在熙熙攘攘的送行人群中。列车缓缓前行了。徐志摩泪流满面。有谁知道,那晶莹的泪珠,是源自内心深沉的痛苦?兰心蕙质的林徽因牵引着他的思绪,游走于邈远的天外,寻找他唯一灵魂之伴侣。

胡适大声喊道:"志摩哭了。"泰戈尔的英籍助手恩厚之见徐志摩太伤感,一把把他的信抢了过来,替他藏起。

爱,有时也是一种错!也许,得不到就是最好的。

当初,徐志摩和张幼仪离婚时,老师梁启超就预料到了他追求"梦想之神圣境界"必要失败,又怕年少的他经受不起几次挫折,警告他:"天下岂有圆满之宇宙?"他却回答:"我将于茫茫人海中,寻我唯一灵魂之伴侣,得之,我幸;不得,我命,如此而已。"单纯的理想主义终将在现实生活中碰得粉碎,那追求"爱、自由、美"的姿势,却是特立独行的。

因为接待泰戈尔来访,所以徐志摩和林徽因再次相逢,心中女神的一颦一笑、一举一动,都拨动着他内心最柔软的那根琴弦,爱情的火烧得炽热,一束丰满的火焰,点不亮那盏爱情的灯。

1931年11月10日,英国的柏雷博士来访,清华大学举办文化界欢迎柏雷博士的茶话会。梁思成和林徽因前去参加。因为徐志摩一直在精神上爱恋并仰慕英国女诗人曼殊斐儿,而柏雷又是她的姐夫,所以,他也参加了茶话会。茶话会结束后,徐志摩告诉林徽因,他将回上海去探望一位刚从美国回来的宾大同学。

第二天,林徽因和梁思成晚上到家,听差说,徐先生刚才来过,在客厅里等了好大一会儿,才刚走一会儿。果然,林徽因发现桌上有张纸条,那是徐志摩的留言:"定明早六时飞行,此去存亡不卜……"

林徽因知道,徐志摩为了省钱,找关系搭乘免费邮政飞机往返北京和上海,她的心里一阵不安,忙拿起电话打给徐志摩:"我和思成都觉得飞机不安全,你还是坐火车吧。"

徐志摩显得有点儿萎靡,语气却轻松:"放心吧,飞机很稳当的,我还要留着生命看更伟大的事迹呢,哪能便死!"

林徽因赶紧制止他:"什么死呀挂在嘴上,不吉利。我下个礼拜有课,要在协和礼堂给外国使节讲中国建筑。"

徐志摩急切地问道:"几号,礼拜几?"

"定在19号晚上,下个星期三。"

"好,我一定去,给你捧场去。"

19日中午,林徽因和梁思成接到了徐志摩的电报:"下午三点抵南苑机场,请派车接。"下午,梁思成开车去机场,却没有接到徐志摩。

授课的时间到了,林徽因走向讲台,她环视着小礼堂,心里却在惦记着徐志摩的安危。林徽因的演讲开始了,二十七岁的她一口标准流利的英语,是那么动听,内容是那么丰富,一场《中国宫殿建筑艺术》的演讲,她讲得精彩绝伦,达到了普及中国建筑知识的目的。演讲一结束,人们纷纷向林徽因表示祝贺和感谢,她却在想徐志摩为什么还没来。礼貌性地回礼后,她匆匆地赶回家。她的脑海里一直徘徊着徐志摩留言纸条上的四个字:"存亡不卜。"

第二天,林徽因和梁思成看到在《晨报》醒目的位置刊登了一条名为"济南十九日电"的通讯。她和梁思成赶到胡适家,看见了北京文化界名人张奚若、金岳霖、孙大雨、钱瑞升、张慰慈、饶孟侃等人都在,胡适出门打听消息去了。他们在焦虑中等回了他,可他带回来的是出事的飞机就是徐志摩搭乘的"济南号"的噩耗。

林徽因的难过,不言而喻!

> 天上那一点子黑的已经迫近在我的头顶,形成了一架鸟形的机器,忽的机沿一侧,一球光直往下注,砰的一声炸响——炸碎了我在飞行中的幻想,青天里平添了几堆破碎的浮云。

徐志摩的《想飞》难道是冥冥中的预感?为什么会一语成谶?

轻轻地他走了,没带走一片云彩,留给她的却是永远的怀念。

他若离去,后会无期。

林徽因默默地祈祷徐志摩一路走好,她将哀思寄托于一只铁制的小花圈,那是她和梁思成连夜做的希腊风格的花圈,四周围绕着铁树叶,间或点缀着白色的花,中间镶嵌着徐志摩的照片。

整个吊唁过程,林徽因的心中一直回响着徐志摩的诗句,这位多情的浪漫诗人,只能用他那栩栩如生的诗句,来缓解朋友们的悲痛了。他对爱和生活的依恋,是以飞翔和对死亡的向往来表述的:

> 拥抱我直到我逝去
> 直到我闭上眼睛
> 直到我飞、飞、飞向太空
> 变成沙、变成光、变成风。
> 啊!苦痛!苦痛是短的

暂时的。

快乐是长久的

而爱情是永恒的

我、我要睡了……

林徽因亲自主持了徐志摩的追悼会,在给胡适的信里,她数次写到对徐志摩断魂的思念。

她在悼词的最后说:"我们的作品会不会再长存下去,就看它们会不会活在那一些我们从来不认识的人,我们作品的读者,散在各时、各处互相不认识的孤单的人心里……"

"朋友,你不要过于看轻这种间接的生存,许多热情的人他们会为着你的存在,而增加了生的意识的。伤心的仅是那些你最亲热的朋友们和兴趣相同的努力者,你不在他们中间的事实,将要永远是个不能填补的空虚。"

几天后,林徽因在《晨报》上发表了《悼志摩》:

现在那不能否认的事实,仍然无情地挡住我们前面。任凭我们多苦楚的哀悼他的惨死,多迫切的希冀能够仍然接触到他原来的音容,事实是不会为我们这伤悼而有些须活动的可能!这难堪的永远静寂和消沉便是死的最残酷处。

……

我不敢再往下写,志摩若是有灵听到比他年轻许多的一个小朋友拿着老声老气的语调谈到他的为人不觉得不快么?这里我又来个极难堪的回忆,那一年他在这同一个的报纸上写了那篇伤我父亲惨故的文章,这梦幻似的人生转了几个弯,曾几何时,却轮到我在这风紧夜深里握吊他的惨变。这是什么人生?什么风涛?

什么道路？志摩，你这最后的解脱未始不是幸福，不是聪明，我该当羡慕你才是。

1935年12月8日，林徽因将这篇悼词发表在《大公报》上。

林徽因对徐志摩的意外辞世相当悲痛，不过，从行文看，林和徐之间的友谊大于爱情。

空难后，梁思成还专程赶到现场带回一块烧焦了的飞机残骸给林徽因，并高悬于室内，作为对友人永远的追思。

那段说不清道不明的感情，在那个冬天戛然而止，让人不胜唏嘘。

第五章 | 大洋彼岸那朵迎风不落的花朵

岁月渡口上的那一场花事，经历了怎样的情感风波？

漂洋过海为求学，林徽因和梁思成并肩研究建筑学，在最美的宾大时光，经历了梁母病逝和林父喋血的悲痛，他们毅然努力求学，双双取得最优异的毕业成绩。

当尘埃落定，走过坎坷情路，终成眷属时，从不缺乏热烈追求者的林徽因，巧妙地回答了梁思成的"为什么是我"的问题："我要用一生回答你。"那脉脉的情、款款的姿，像醇酒一样，在岁月的氤氲中，落满琴瑟和鸣的音符。

浪漫的欧洲之旅，是蜜月还是考察？挽着你的手，携一缕清音，走出鲜亮亮的秋水长天；唤起轻柔的霞，披在双肩，那塔、楼、亭，还有城墙，就像阳光从细风里走来，让她"笑成这万千个风铃的转动，从每一层琉璃的檐边摇上云天"。

历经磨难后的花事盛景

1927年7月7日,林徽因和梁思成终于踏上了美国国土,开始了留学生涯。

远涉重洋为建筑。这是他们两个人共同选择的专业,他们将为此奋斗终生。就像林徽因多年后写的一首诗描述的那样:

> 除非在梦里有这么一天,
> 你和我
> 同来攀动那根希望的弦。

林徽因终于和志向相同的恋人一起,踏上了漫漫求学之路,她的心感到充实,生活有了更深远的意义。

在康奈尔大学，林徽因选择了户外写生与高等代数，梁思成选择了水彩静物画、户外写生与三角。

康奈尔大学所在的城市伊萨卡，风景优美，犹如牧歌式的大学城，被黛山碧水环绕着。放下行囊，林徽因雀跃着拉起梁思成的手，走进醉人的景色中。他们三句话不离本行，每次外出，观察这里的建筑，几乎成为林徽因和梁思成的必修课。首先映入眼帘的是校园里奶黄色和瓦灰色的建筑，城里的街道也是瓦灰色的，和教堂的尖塔构成了一幅非常和谐的图画。

在这充满活力的日子里，每到傍晚，林徽因和梁思成就走到城市最高处，居高临下地俯瞰卡犹嘎湖的建筑布局。他们的心沸腾着，感觉自己站在中国建筑史的起点上，思绪从一个想法奔到另一个想法，每一天都有新的收获。

那一天，林徽因和梁思成走进一幢奶黄色的大楼里，去参加康奈尔大学校友会。在大厅里，林徽因抬起头，看见墙的中央悬挂着一幅幅康奈尔大学创办以来历任校长的油画肖像，她从他们的眼神里看到了坚韧和不屈的光芒；在栗色的长条桌上，摆放着康奈尔大学每一届毕业生的名册，上面记录着他们在学术和社会事业上所取得的成就。

无意中我走到花前。

轻香，风吹过

花心，

风吹过我，——

望着无语，紫色点。

不知她在写这首诗时，心境是否和在康奈尔大学时是一样的？

林徽因性格开朗，善于交际，进入康奈尔大学不久就认识了很多朋友。她和他们一起交谈，学到了很多。梁思成和林徽因两个人进康奈尔大学是为正式进入宾夕法尼亚大学建筑系学习打基础的。不久，他们就将离开这里。

新鲜、快乐的生活让他们感到充实，却没有驱散他们各自心里的阴影。

在康奈尔大学期间，梁思成经常收到大姐梁思顺的信，大姐的信是向他传达母亲李惠仙的意见。梁思顺告诉梁思成，母亲对林徽因颇有微词，坚决不同意他们的婚事。这让夹在她们中间的梁思成左右为难，不知所措。

这一天，林徽因很高兴地来到梁思成的宿舍，想和他一起出去散步，不经意看见了梁思成大姐的信，信中说他母亲病重，并说他母亲到死也不接受林徽因。林徽因伤心地跑了出来，越想越生气。她不能忍受梁家母女对她的种种责难，无法忍受她们对她独立人格和精神的非议和干涉。

梁思成随后追了出来，体贴地安慰她，但林徽因还是不能释怀。她选择梁思成是为了那份踏实能够带给她幸福，而如果得不到梁家人的祝福，终究是不圆满的。她迟疑着，最后决定，取消去宾夕法尼亚大学的计划，一个人留在康奈尔大学。这也让梁思成陷入深深的痛苦之中。

情绪低落，恰似江河百转千流，林徽因徘徊在心灰意冷中，她给徐志摩写了封信："我的朋友，我不要求你做别的什么，只求你给我个快信，单说你一切平安，多少也叫我安心……"这样明白的牵挂，怎能不叫思她日甚的徐志摩高兴万分？徐志摩想都没想，就冲去邮局，发了封快电，告诉她自己很好，只是思念她。

是谁把曾经熄灭的火焰，重新点燃？

林徽因的一封信，竟然让徐志摩神魂颠倒。从邮局回来，有朋友找他喝酒，半酣之时，他猛地站起来，再次跑到邮局，把电文稿再次交给营业员，诧异的营业员笑了："你刚才不是拍了这封电报吗？"他猛醒，歉意地笑了。回到寓所，内心的亢奋无法抑制，徐志摩便拿起笔给他心中的女神写信，结果写成了满篇痴言的诗歌：

啊，果然有今天，就不算如愿，
她这"我求你"也就够可怜！
……
扯来她忘不了的还是我——我，
虽则她的傲气从不肯认服；
害得我多苦，这几年叫痛苦
带住了我，像磨面似的尽磨！
还不快发电去，傻子，说太显——
或许不便，但也不妨占一点
颜色，叫她明白我不曾改变，
咳何止，这炉火更旺似从前！
……

徐志摩写着写着，泪水顺着脸颊流下来，他一夜未眠，最后竟然醉倒在书桌旁。

当徐志摩的信寄到康奈尔大学时，林徽因却发了高烧，病倒了。看着词语混乱的句子，聪明的她很快明白他的爱意还是那样疯狂，让她心战栗。

她昏沉沉地睡着，感觉自己一会儿置身于冰冷的峡谷里，一会儿又跑到了鲜花盛开的山顶。当高烧退去的时候，她听见那个熟悉的声音说："谢天谢地，总算退烧了。"

睁开眼睛，她看见一只手轻抚着她的额头，抬眼就看见了梁思成如释重负的笑脸和一双布满血丝的眼睛。梁思成拿过为她准备的饭菜，一口口地喂进她的嘴里，她的心，感动、踏实。

林徽因住院期间，每天早上，梁思成都采一束鲜花，插在她的床头。闻着花香，林徽因看着身边这个优秀的男人为她忙碌着，如同生命色彩的变幻，笑盈盈地在她的身边掠过，那潇洒的身影，刻进了她的心里。

恰好这个时候，梁启超给梁思成来信了，他关切地询问儿子和未来儿媳的学习和生活情况，而且特别关注林徽因的情况，那温暖的话语完全像是对自己的女儿说的。林徽因知道，梁启超一直是喜欢和欣赏她的，这让她的心有了安慰。

假日来临了，陷入惆怅的林徽因正想着自己一个人去卡犹嘎湖散步，刚出门，就看见在哈佛和麻省理工两所著名大学学习的梁思永和梁思庄前来看望她和思成，她的脸，绽开了笑容。梁思成的这两个弟弟妹妹是喜欢林徽因的，尤其是梁思庄跟林徽因非常要好，亲姐妹似的。一次，梁思成约会林徽因，她梳洗打扮迟迟不下楼，梁思成耐心地站在楼下等待。梁思永和梁思庄就会取笑他，梁思永还写了副对联：

林小姐千妆万扮始出来，梁公子一等再等终成配。

1922年，梁思成的母亲李蕙仙在马尼拉做了癌切除手术，夏天的时候，回到了天津。梁思成与林徽因出国前夕，李蕙仙已经乳癌复发。为了子女的前程，坚强的母亲忍痛放行。梁思成到美国仅一个多月，母亲的病情急速恶化，梁启超发电报急召梁思成回国，然而未待他启程，母亲就撒手人寰。梁思成无奈放弃床前尽孝的远行，悲痛不已。

林徽因陪在悲伤的梁思成身边，伏在他耳边悄悄絮语，抚慰他悲伤的心，和他并肩站在异国的土地上，度过最悲哀的时刻。

最美的宾大时光

1924年秋，风仍然暖和地拂过异国的乡村和城市、河流和山川，吹向世界的每一个角落。梁思成和林徽因终于注册入学宾夕法尼亚大学，同时注册的中国学生中，还有梁思成在清华的密友陈植。

宾夕法尼亚大学坐落在特拉华和丘尔基尔两条河流的交汇处，其所在地费城曾是美利坚合众国的第一个首府所在地；宾夕法尼亚大学与德克莱赛尔大学毗邻，它与哈佛大学、斯坦福大学一起被誉为全美最好的三所大学；这所创建于18世纪的著名大学，隶属于常春藤大学联盟；历任校长思维活跃、开明，学校学术研究气息浓厚。林徽因为能走进这所大学感到兴奋，她牵着梁思成的手，走进建筑研究院，没有想到的是，她却被拒之门外，理由是建筑系只收男生。校方解释说：建筑系学生必须整夜画图，女人在场是不合适的。

人世间总是会出现这样或那样令人不安的事情，林徽因看着梁思成和陈植一起走进宾大建筑系，而她却只能望洋兴叹，没有办法，最后便只好和其他女学生一起注册上了美术系，选修建筑课程。她的良好功底和成绩使她一入学就读三年级，她注册的英文名字是菲利斯（Lin Phyllis Whei-Yin）。

梁思成看着她离去的倔强背影，无可奈何地摇了摇头，他走进教室，向窗外望去，那目光似乎缩短了一个季节。本来是林徽因一心要上建筑系才促使他和陈植来到了宾大，结果她自己反而上不了建筑系，这真是令人无法接受的事。

林徽因却让梁思成刮目相看了，倔强聪慧的她不会轻言放弃，她要做的事就一定得做成，她的既定目标永远不会变。就连梁思成也不知道她是怎么进入宾大的建筑系的，只是欣喜地看到她——林徽因也来建筑系读书了，并从1926学年春季开始，她已成为建筑系的业余助教，之后，又成为建筑系的业余教师。她是怎样打破异国大学的规定的？反正从第一年开始，她就和梁思成并肩走进教室，聆听法国著名建筑师保尔·P.克雷生动的授课了。后来，梁思成和林徽因的建筑图作业，被建筑系一位年轻的教师、著名的建筑师约翰·哈贝孙报告说做得"棒极了"。

一次，梁思成晚饭后，约林徽因去散步，两个人兴趣盎然，坐上车子去了蒙哥马利看盖顶桥梁和异国风味的建筑,林徽因不禁想起江南的青砖黛瓦、孤窗漏影、黑白纵横、如诗如画的故景，让她的清梦多了一份由淡雅色彩铺就的几许情愫。

梁思成拉了拉林徽因的衣袖告诉她，他听了几堂建筑史教授阿尔弗莱德·古米尔的课后，跑去找教授，告诉他自己非常喜欢建筑史，说他从来不知道世上还有这么有意思的学问。古米尔询问了他中国建筑史的情况。他回答说据他所知还没有文字的东西。他知道，那时的中国人根本就不认为建筑是一门艺术，也不重视它。林徽因来了兴致，她闪烁着眼波，兴致极高地告诉梁思成，我们就是要做前人没有做过的事业,研究中国的建筑史，填补空白！

从此，日出月落中，都有两个人忙碌的身影。他们悉心地研究各种建筑物，为将来回国研究中国建筑史打下了良好的基础。

林徽因和梁思成的性格是互补的，梁思成理性、严肃、用功，林徽因却活泼、聪明、善于交际。学习中，林徽因的思维是创造性的，她经常先画一张草图，反复地修改，还会因不满意而将其丢弃掉。当交图期限快到的时候，严肃、用功且极具绘画天赋的梁思成，会帮她完善图纸，林徽因常常惊讶地看着他几下就把她绘得乱七八糟的图纸变成一张准确、完美的作品。

林徽因天性热情、活泼，很快融入了异国的校园生活，不久就成为宾大中国留学生会社会委员会的委员。美术系三年级共有四名学生，林徽因与伊丽莎白·苏特罗（Elizabeth Sutro）友谊最深，她经常到苏特罗父母家里做客。苏特罗晚年依然清晰地记得，林徽因"是一位高雅的、可爱的姑娘，像一件精美的瓷器……而且她具有一种优雅的幽默感"。

在学校举办的大学生圣诞卡设计竞赛中，林徽因获了奖。聪颖的她，用点彩技法画的一幅圣母像，怎么看都有中世纪欧洲圣母像的苍古感，这件珍贵的文物至今被保存在学校的档案馆中。

林徽因用两年时间，如期取得了美术学士学位。作为建筑系旁听生，她竟然不到两年时间就受聘担任了建筑设计教师助理这一职务，不久便成为这门课程的辅导教师。

1926年1月17日，林徽因的美国同学比林斯给她家乡的《蒙塔纳报》写了篇访问记，记述了林徽因在宾大的学生生活：

> 她坐在靠近窗户能够俯视校园中一条小径的椅子上，俯身向一张绘图桌，她那瘦削的身影匍匐在那巨大的建筑习题上，当它同其他三十到四十张习题一起挂在巨大的判分室的墙上时，将会获得很高的奖赏。这样说并非捕风捉影，因为她的作业总是得到最高的分数或是偶尔得第二。她不苟言笑，幽默而谦逊。从不把自己的成就挂在嘴边。
>
> "我曾跟着父亲走遍了欧洲。在旅途中我第一次产生了学习建筑的梦想。现代西方的古典建筑启发了我，使我充满了要带一些回国的欲望。我们需要一种能使建筑物数百年不朽的良好建筑理论。
>
> "然后我就在英国上了中学。英国女孩子并不像美国女孩子那样一上来就这么友好。她们的传统似乎使得她们变得那么不自然的矜持。

"对于美国女孩子——那些小野鸭子们你怎么看？"

回答是轻轻一笑。她的面颊上显现出一对色彩美妙的、浅浅的酒窝。细细的眉毛抬向她那严格按照女大学生式样梳成的云鬓。

"开始我的姑姑阿姨们不肯让我到美国来。她们怕那些小野鸭子，也怕我受她们的影响，也变成像她们一样。我得承认刚开始的时候我认为她们很傻，但是后来当你已看透了表面的时候，你就会发现她们是世界上最好的伴侣。在中国一个女孩子的价值完全取决于她的家庭。而在这里，有一种我所喜欢的民主精神。"

这篇访问记，把林徽因的学习状况和对美国人的认识都谈得很清楚，可以从字里行间中读出她的勤奋好学、率真聪颖和善于交际的性格。不论到哪里，这个江南女子都能很快融入进去，静听花开，坐看雨落，坦然地面对每一天。

不知从什么时候起，玫瑰被视作爱情的象征，梁思成表达爱情的方式，却是不用玫瑰的。

当林徽因的生日到来之际，梁思成给了她一个浪漫的礼物。

那是个美妙的夜晚，正在埋头画图的林徽因，猛然听见有东西在敲击窗玻璃，她忙起身站到窗前，看见梁思成站在楼下的草坪上，向她招手。当两个人携手走在校园小径上的时候，月亮升了起来，银色的月光洒满大地，林徽因感到花蕾在轻轻地爆裂，那一树的花让她惊悸，他和她在那殷殷的粉红之间，有了一个隔年之约。

静谧的校园里，梁思成和林徽因站在一棵花树下，深情对视。许久，梁思成递给林徽因一个精致的镜子，说，生日礼物！

林徽因经提醒，才想起今天是自己的生日，亏思成替她想着。她深情地看了眼微笑着的梁思成，一股暖流涌上心间。她接过礼物，仔细一看，那是一面用现代圆玻璃镜面镶嵌在仿古铜镜里合成的仿古铜镜。铜镜正中雕刻着两个云冈石窟中的飞天浮雕，外围则是一圈卷草花纹，花环与飞天浮雕组合成完美的圆形图案，图案中间刻着"林徽因自鉴之用"。落款写着"梁思成自镌并铸喻其晶莹不玷也"。

林徽因睁大了眼睛，《小夜曲》响起，"这一刻的倾心和拥有，就是我的天堂"。那古色古香的铜镜在月光下泛着银白色的光，她看着镜子里的自己面容娇美秀丽，一抹红晕涌上脸颊。

梁思成告诉她，在工作室，他用了整整一周的时间，做成了这块仿古铜镜，为的是给她庆生。他曾拿给一位研究东方美术史的教授鉴定，教授说，从图案上看，像是北魏时期的物品，但从未见过这样的文字。当教授知道这是梁思成自制而成的送给恋人林徽因的生日礼物时，笑他：Hey！ Mischievous imp(淘气鬼）！

仿佛一片梦幻的璀璨星空，让人的心生出些湿漉漉的温馨，林徽因表情光灿，波动着春天的光彩，弥漫的花香款款流入心田，被一种难以表述的激动所包围。

林徽因在留美第二年的冬天，一直盼着家里来信，却迟迟不见信的踪影。忧心如焚的她，每每去取信却不见信时，哀伤溢满心头！

这一日，梁思成终于接到了梁启超的来信，却让林徽因的心提到了嗓子眼儿上。郭松龄起事倒戈反奉，通电张作霖下野，并潜兵出关。郭军在沈阳西南新民屯失利导致全军覆没。她噙着泪水读着梁启超的信：

前事不必提了，我现在总还存万一的希冀，他（指林长民）能在乱军中逃命出来。万一这希望得不著，我有些话切实嘱咐你。

第一，你要自己十分镇静，不可因刺激太剧，致伤自己的身体。因为一年以来，我对于你的身体，始终没有放心，直到你到阿图利后，姊姊来信，我才算没有什么挂虑。现在又要挂虑起来了，你不要令万里外的老父为着你寝食不宁，这是第一层。徽音（因）遭此惨痛，惟（唯）一的伴侣，惟（唯）一的安慰，就只靠你。你要自己镇静着，才能安慰他，这是第二层。

第二，这种消息，谅来瞒不过徽音（因）。万一不幸，消息若确，我也无法用别的话解劝他，但你可以传我的话告诉他：我和林叔叔的关系，他是知道的，林叔的女儿，就是我的女儿，何况更加以你们两个的关系。我从今以后，把他和思庄一样的看待他，在无可慰藉之中，我愿意他领受我这种十二分的同情，渡过他目前的苦境。他要鼓起勇气，发挥他的天才，完成他的学问，将来和你共同努力，替中国艺术界有点贡献，才不愧为林叔叔的好孩子。这些话你要尽你的力量来开解他。

林徽因拿着信颤抖着，一行清泪顺着脸颊流淌而下。"花朵不曾谢幕，而你——我亲爱的父亲，却要踏着花香西行。"烽火狼烟中，歌不成韵；一滴清泪里，浸润藕花争渡的时光。她想起父亲曾带她去大嘉山拜谒南宋爱国将领李纲的墓；教她吟诵文天祥的诗句"人生自古谁无死，留取丹心照汗青"；带她去欧洲游历，跟她谈政治抱负。她知道，父亲是个为了抱负不惜牺牲自己生命的人，是她的依靠和榜样。

梁思成陪她一起去邮局发电报，发了几封后，终于盼来令人心碎的消息。

梁启超在信中说：

初二晨，得续电又复绝望。（立刻电告你并发一信，想俱收。

徽音（因）有电来，问现在何处？电到时此间已接第二次凶电，故不复。）昨晚彼中脱难之人，到京面述情形，希望全绝，今日已发丧了。遭难情形，我也不忍详报，只报告两句话，（一）系中流弹而死，死时当无大痛苦。（二）遗骸已被焚烧，无从运回了……徽音（因）的娘，除自己悲痛外，最挂念的是徽音（因）要急杀。我告诉他，我已经有很长的信给你们了。徽音（因）好孩子，谅来还能信我的话。我问他还有什么话要我转告徽音（因）没有？他说："没有，只有盼望徽音（因）安命，自己保养身体，此时不必回国。"我的话前两封信都已说过了，现在也没有别的话说，只要你认真解慰便好了。

读了梁启超的这封信，林徽因差点儿晕倒，不久，精神恍惚的她又接到叔叔林天民的信和报纸，得知了父亲遇难的全部经过，她浑身颤抖，泣不成声。梁思成抱住她的臂膀，感觉她的每一根骨头都在哆嗦，心似乎一点点地碎裂了。

梁启超不仅写信给思成，还直接给林徽因写了长信，安慰和开导她。

在异国痛失父亲是林徽因人生遭遇的第一次重大打击，也断了她继续求学的经济来源。

林徽因想不待学成就回国谋生，又考虑在美国打工一年，自己解决留学经费，梁启超得知后不予同意，他在给梁思成的家书中说："徽音（因）留学总要以和你同时归国为度。学费不成问题，只算我多一个女儿在外留学便了。"（《与思成书》）几天后梁启超就着手兑现，致信问梁思成，林徽因的留学费用还能支撑多长时间，嘱他立刻回告，以便筹款及时寄到。当时，梁家经济也很困难，梁启超准备动用股票利息解难，甚至说，"只好对付一天是一天，明年再说明年的话"。由此可见，梁启超对林徽因又多了一份舐犊之情。

经受了异国失去亲人的深深痛苦，在梁启超父亲般的关爱和梁思成的亲切抚慰下，林徽因愈发成熟起来。她不再仅仅是那个单纯、活泼的富家小姐，而是更具有了独立、忧患意识，更渴望学好本领，报效祖国，自立于社会。

她认为，学好她的专业去报效祖国，是父亲对她的殷殷希望，也是对父亲最好的纪念。终于，林徽因从伤痛中走出来，全身心地投入到学习中，她立志和梁思成一起学成回国研究中国古代建筑史。

春华秋实。她欣喜地看到梁思成的钻研精神，结出了丰硕的果实，荣获了他大学时代的两枚设计金奖。

1927年，林徽因和梁思成双双从宾夕法尼亚大学毕业。梁思成2月拿了建筑学士学位，7月获得硕士学位。林徽因以高分获得美术学士学位，四年学业三年完成。

> 是谁笑成这百层塔高耸，
> 让不知名的鸟雀来盘旋？是谁？
> 笑成这万千个风铃的转动，
> 从每一层琉璃的檐边，
> 摇上，
> 云天？

林徽因在其诗歌《深笑》里，写下这样深情的句子，让人看了不禁为她和梁思成一生为建筑事业奉献的精神拍手叫好！

林徽因始终对戏剧心存向往，在宾大取得学士学位后，便进入耶鲁大学戏剧学院跟随著名的G.P.帕克教授学习舞台设计，她成为中国第一个在国外学习现代舞台美术的女留学生。她的天赋及美术和建筑基础,使她在这个专业也出类拔萃。那时常有同学临到作业上交时请她救急,其中一位请她救过急的学弟后来成了百老汇的著名舞美设计师。

梁思成立即向哈佛的科学和艺术研究生院提出了入学申请,说他的目的是:"研究东方建筑。对于那些大厦的研究及其保护的极端重要性促使我作此选择。"他的申请被接受了。

梁思成几乎把所有的时间都给了建筑研究,他在清晨或者夜晚的寂静里,沿着校园湿润的小径,推开哈佛图书馆的大门,一头扎进去,查找用东西方文字写成的有关文献来精读。

费慰梅在《梁思成和林徽因》一书中,用大量细节描述了梁思成那段时间的阅读:

> 哈佛的东方艺术讲师,兰登·华尔纳帮助他找到了主要的参考书,使他懂得了西方人是怎样看待中国艺术和建筑的。这里边许多材料他都是熟悉的,但这些方面的学科和书籍是如何组织的却使他很感兴趣——亚瑟·瓦莱和恩奈斯特·芬奈罗萨研究中国绘画,R.L.霍布逊和A.L.赫瑟林顿研究中国陶瓷,贝尔托尔德·劳福尔研究玉石,奥斯瓦尔德·喜仁龙研究雕刻。当时西方有两位研究中国建筑史的先行者,一个是喜仁龙,写过《北京的城墙和城门》(1924年伦敦版)和《北京的皇家宫殿》(1923年纽约版),另一个是恩斯特·彪胥曼,他出的书有《图画中国》(1923年纽约版)和《中国建筑》(1925年柏林版,1—2卷)。思成在1947年对他们作了这样的评论:"他们谁也不懂中国建筑的规律。他们描述中国建筑物,不懂就瞎写。但是两人中喜仁龙稍好一些,他运用了《营造法式》,不过并不经心。"

梁思成在哈佛读书的那几个月里，做了一大堆卡片，上面写满了将来可能用得着的注解。但是他也发现，就中国建筑史来说，他学到的东西还是很少。

徜徉在知识的海洋里，梁思成忘记了时间，任窗外日出日落，废寝忘食。爱情在他的心里究竟占怎样的地位呢？其实，他知道，人的一生，应该有三大主题——事业、信仰、爱情。而爱情中还包括亲情。爱人林徽因在他的心里占有一片天地；他的事业，也在他的心里占有辽阔的领地。

一对恋人潜心研究建筑技术和艺术，配合默契，相得益彰。思维活跃的林徽因总是别出心裁，想象力丰富，而梁思成精湛的绘图技艺总是将她的构思变成精彩的作品。

林徽因的柔和中暗含着刚性，她的内心轻舞飞扬，她思想的重量，让她在中国建筑史上有着举足轻重的地位和分量。

又是一年的春天到来了，梁思成已经学完了他来哈佛时想学的东西。与此同时，林徽因也在耶鲁大学戏剧学院的舞台设计中赢得了一个特殊的位置。一对学有所成的恋人比翼齐飞。

我要用一生回答你

1927年12月，梁思成向哈佛的导师申请回国实地考察，收集资料。林徽因也结束了在耶鲁的半年舞美设计研修。他们的婚姻提上了议事日程。

这是梁思成盼望已久的，他坐在校园里的一棵花树下，托腮想望那幸福的彼岸，水到渠成的爱情，如今即将修成正果。

多年前，林徽因曾牵着梁思成的手，数次走过江南烟雨中的青石板小巷，看到那朵乳白的相思花，在风中优美地招摇。据说，它的花汁是有魔力的，能让人们彼此相爱。现在异国求学毕业了，他终于可以牵手林徽因了。

"缘乃天之所定，情乃人之所为。"

梁启超开始操劳他们的婚事了。他主张采用外国最庄严的仪式，由在加拿大任总领事的女婿周希贤和女儿梁思顺帮助筹划，婚礼将在温哥华举行。

北京的家中先是举行了订婚仪式。梁启超在致女儿梁思顺的信中，言其行文定礼极盛。

几万里的大洋彼岸，两家人都在为两个人的婚事操劳。梁启超按照传统习俗，请了朋友为两个人对"八字"，买了两块名贵的玉佩和一对玉印作为订婚典礼的信物。

梁启超在给梁思成和林徽因的信中详细地讲述了订婚的每一个细节：

> 这几天家里忙着为思成行文定礼，已定于十八日（阳历）在京寓举行，（日子是王姨托人择定的。我们虽不迷信，姑且领受他一片好意。那天恰是星期。）因婚礼十有八、九是在美举行，所以此次文定礼特别庄严慎重些。晨起谒祖告聘，男女两家皆用全帖遍拜长亲，午间宴大宾，晚间家族欢宴。我本拟是日入京，但（一）因京中近日风潮正恶；（二）因养病正见效，入京数日，起居饮食不能如法，恐或再发旧病，故二叔及王姨皆极力主张我勿往，一切由二叔代为执行，也是一样的。今将告庙文写寄，可由思成保藏之作纪念。
>
> 聘物我家用玉佩两方，一红一绿，林家初时拟用一玉印，后闻我家用双佩，他家中也用双印，但因刻玉好手难得，故暂且不刻，完其太璞。礼毕拟两家聘物汇寄坎京，备结婚时佩带，惟（唯）物

品太贵重,深恐失落,届时当与邮局及海关交涉,看能否确实担保,若不能,即仍留两家家长处,结婚后归来,乃授与宝存。

来自亲情柔美的光辉,隔了万里之遥,余温暖心。

六天后,梁思成和林徽因再次接到父亲梁启超的来信:

这几天为你们聘礼,我精神上非常愉快,你想从抱在怀里的"小不点点"是经过千灾百难的,一个孩子盘到成人,品性学问都还算有出息,眼看着就要缔结美满的婚姻,而且不久就要返国,回到我的怀里,如何不高兴呢?今天北京家里典礼极庄严热闹,天津也相当的小小点缀,我和弟弟妹妹们极快乐的顽了半天。想起你妈妈不能小待数年,看见今日,不免有些伤感,但他脱离尘恼,在彼岸上一定是含笑的。除在北京由二叔正式告庙外(思永在京跟着二叔招呼一切),今晨已命达达等在神位前默祷达此诚意。

我主张你们在坎京行礼,你们意思如何?我想没有比这样再好的了。你们在美国两个小孩子自己实张罗不来,且总觉太草率,有姊姊代你们请些客,还在中国官署内行谒祖礼(礼还是在教堂内好),才庄严像个体统。

婚礼只在庄严不要侈靡,衣服手饰之类,只要相当过得去便够,一切都等回家再行补办,宁可从节省点钱作旅行费。

梁启超又给其二弟写信说:"徽因、思成已决定在美结婚(*我及思顺如此主张,彼两小未完全同意*),婚仪太简率,所以想在文定礼上稍微郑重庄严一点……"为显郑重与庄严,并以订婚告慰林家,梁启超特在信中嘱咐:"座位是林家大媒首席,我家大媒次之,汝代表主人须亲自送酒言席陪客。"

梁启超为梁思成和林徽因的婚礼准备竭尽全力，尽量完美，更是做到了庄严和郑重，全家"晨起谒祖告聘，两亲家皆用全帖遍拜长亲，午间大宴，晚间家族欢宴"。

1928年3月21日，梁思成和林徽因在加拿大渥太华中国大使馆举行了婚礼。

站在傧相席上的梁思顺很是激动，自从母亲去世以来，父亲梁启超数次写信弥合她和林徽因之间的感情裂痕，她慢慢地冰释了内心的芥蒂。当她见到林徽因，看着落落大方、风姿绰约的她，心里甚至有几分喜欢，她开始佩服父亲的眼光，为自己的弟弟选择了这样一位出色的伴侣而欣喜。于是，她筹措了徽因和思成的结婚费用，为他们张罗了隆重的婚宴。按照父亲的安排，教堂婚礼后，在官署内行了谒祖礼，一对新人欢喜地给姐姐和姐夫三鞠躬。

这又是一个新的开始，更像是灵魂的合舞，是那花开的声音，让两个年轻人并肩前行。

洞房花烛夜，梁思成看着林徽因，说："有一句话，我只问这一次，以后都不会再问，为什么是我？"

林徽因回答："答案很长，我得用一生去回答你，准备好听我了吗？"

这是多么巧妙的回答！用一生去回答爱人的一个问题，比直接的山盟海誓不知高明多少倍。

多年后，梁思成曾诙谐地对朋友说："中国有句俗话，'文章是自己的好，老婆是人家的好'。可是对我来说，老婆是自己的好，文章是老婆的好。"

梁思成的这句话，说明了他对林徽因的爱情是多么真挚！

许多人认为婚姻不过是一场冲动，在爱得快要疯掉的时候，用婚姻来冷却自己，人一旦走向婚姻，就会面临痛苦，如同烟火瞬间就会消失在寂寞的夜空中，陪伴夜空的只有点点繁星。

世间人熙熙攘攘，人品性格各异，林徽因的追求者甚众，婚后的她，走过多梦的岁月，兰心蕙质，一心扑在事业上和家庭里，踏踏实实地给了梁思成一个家。她忠贞不渝、随性淡然，陪伴着梁思成，获得了心灵的安宁和快乐。

红尘岁月里的相依相守、相濡以沫，绽放那一树的嫣然。

林徽因的爱情生活：精彩，也琐碎；淡然，却绚丽。

林徽因始终从容地在爱情中行走，和梁思成并肩做学问，以坚定的志向和共同的事业为基础，优雅地爱，也优雅地被爱。

林徽因没有张爱玲痛彻心扉的凌厉，也没有陆小曼义无反顾的激情，她始终从容坚定，把仁爱和真诚放在了首位。

在林徽因的世界里，绝不仅仅只有梁思成这一个追求者，当他们俩终成眷属后，他们的旅美同学感叹道："林徽因在美国如此受欢迎，仰慕者众多，梁思成真是幸运。"

用一生去回答你。刹那，梦中的白莲盛开，满池灿烂，清香四溢。

浪漫的欧洲之旅

蜜月旅行，是两个牵手之人最幸福的时刻。应该怎样度过呢？恐怕大多数人都去游山玩水了。

梁思成与林徽因终成眷属，按照梁启超的安排，去欧洲旅行。他们的蜜月之旅却担负着考察欧洲建筑物的重担，意义非凡。

在温哥华期间，梁思成接到父亲的来信，关于归国行程，梁启超为他们做了详细的安排：

你们由欧归国行程，我也盘算到了。头一件我反对由西伯利亚路回来，因为……没有什么可看，而且入境出境，都有种种意外危险（到满洲车站总有无数麻烦），你们最主要的目的是游南欧，从南欧折回俄京搭火车也不太经济，想省钱也许要多花钱。我替你们打算，到英国后折往瑞典、挪威一行，因北欧极有特色，市政亦极严整有新意（新造之市，建筑上最有意思者为南美诸国，可惜力量不能供此游，次则北欧特可观。）必须一往。由是入德国，除几个古都市外，莱茵河畔著名堡垒最好能参观一二；回头折入瑞士看些天然之美再入意大利，多耽搁些日子，把文艺复兴时代的美彻底研究了解。最后便回到法国，在马赛上船（到西班牙也好，刘子楷在那里当公使，招待极方便，中世及近世初期的欧洲文化实以西班牙为中心。），中间最好能腾出点时间和金钱到土耳其一行，看看回教的建筑和美术，附带着看土耳其革命后政治。[关于这一点，最好能调查得一两部极简明的书（英文的）回来讲给我听听。]

三月的烟雨，总是不约而至，飘洒的雨点淋湿了江南，也淋湿了泰晤士河岸。

此时的林徽因在爱人梁思成的陪伴下，正走在欧洲的土地上。

新婚宴尔，她长达六个月的蜜月旅行会发生怎样的故事呢？

美国四年的专业学习，为她插上了飞翔的翅膀。在梁启超的安排下，她和梁思成把蜜月旅行当作一次欧洲建筑考察之旅。

站在欧洲的大地上，梁思成手拿着路线图，查找每一个国家的路途。林徽因伏在他的肩上，手却在地图上移动着，他们是在寻找石头堆砌的艺术出口，那将是他们终身追求并为之努力的事业。

穿过向往已久的欧洲著名城市，穿梭在古老建筑物之间，他和她荣幸地看到，在湿润和清朗的气息里，悬挂着一幅巨大的写意画。那画面上，鳞次栉比、风格各异的建筑物，充满了活力，像一幅承载了在这片土地上生活的民族岁月的长卷，点滴收拢起一些历史风云的碎片，无语闪现。

林徽因和梁思成不得不钦佩欧洲人民的聪明和智慧。

崇高的理想和强烈的责任感，在冰雪聪明的林徽因心里，成为烈烈飘扬的旗帜，姿态优美地迎风展开。

沿着泰晤士如绿如蓝的河水，林徽因睁大了双眼，看见了两岸不同于故乡的建筑物，涂染着生机勃发的色彩，伫立着千古的雄姿。圣保罗大教堂沉郁的钟声，守望着岁月，让浪漫的水手和虔诚的拜谒者感动。

异国的土地让梁思成感到陌生。因这陌生，他对这座举世闻名的宗教建筑产生了向往。

当他举步踏上第一级青石台阶，仿佛踏进了一阕古老的乐章。圣保罗大教堂是一座比较成熟的文艺复兴时期的建筑。梁思成的目光穿越了它碟状高大的弯窿，以及它的两层楹廊，研究着它典雅庄重的造型、完美和谐的布局。他甚至觉得，有了这座辉煌的教堂，中世纪的建筑语言几乎可以完全消失，文艺复兴时期建筑的文化特质是如此生动。在雕刻着圣保罗旧主生平的山墙下，梁思成问林徽因："你从泰晤士河上看这座教堂，有什么感觉？"

林徽因说："我想起了歌德的一首诗。它像一棵崇高浓荫广覆的上帝之树，腾空而起，它有成千枝干，万百细梢，叶片像海洋中的沙，它把上帝——它的主人——的光荣向周围的人诉说。直到细枝末节，都经过剪裁，一切于整体适合。看呀，这建筑物坚实地屹立在大地上，却又遨游太空。它们雕镂得多么纤细呀，却又永固不朽。"

不朽的诗句,让梁思成激动起来:"我一眼就看出,它并非一座人世间建筑,它是人与上帝对话的地方,它像一个传教士,也会让人联想起《圣经》里救世的方舟。"

风也不能吹动的寂静,连绵的石头史诗却起伏在梁思成的内心。

这对新婚夫妇的浪漫旅行,就是陶醉在典雅华美、丰富多彩的建筑艺术的氛围里。他们心旷神怡地走进铸铁建筑布赖顿皇家别墅,潜心研究它富有的东方情调;然后走进英国议会大厦,又立即被其别具古典内涵的风姿所震撼。

夜色朦胧,略有凉意的风吹拂着梁思成和林徽因相携的身影,漫步在海德公园的水晶宫,梁思成对这座铁架建构、全部是玻璃面材的新建筑情有独钟。他仔细地研究了它的结构、框架和装饰,发现它摈弃了传统的建筑形式和装饰,展示着新材料、新技术的优势。他们去的那天是个晚上,水晶宫里灯火辉煌、玲珑剔透,置身其间,真的就像在海底的龙宫一般。许多慕名而来的参观者,都发出了阵阵感叹之声。而它静静伫立,动魄惊心。

雨,纷纷扬扬地飘落在易北河上。这雨和江南烟雨是一样的吗?

梁思成倏地打开那把油纸伞,挽着林徽因的手臂,走在异国他乡的石板街上,就像回到了江南,踏着青石板路,穿梭在飘荡着歌声的小巷。

在德国的波茨坦,他们在雨中观看爱因斯坦天文台,这座流线型的建筑,像一只引颈远眺的白天鹅,展翅欲飞。

林徽因激动地说:"思成,我觉得它好像一部复调音乐。你看,塔楼的纵向轴线和流线型的窗户,如乐曲中的两个主题,这个建筑与巴赫的赋格曲真是异曲同工。"她拿出纸笔,开始认真地摹写着这座建筑,那落在纸上的每一条线,仿佛都有了意志和生命。

同样,在魏玛市,以培养建筑学家而著称的包豪斯学院刚刚落成的校舍,让他们再一次感受到了现代建筑的美。

林徽因和梁思成还考察了巴洛克和洛可可时期的许多建筑：德累斯顿萃莹阁宫、柏林宫廷剧院、乌尔姆主教堂、希腊雅典风格的慕尼黑城门，还有历时六百三十二年才兴建成的北欧最大的哥特式教堂——科隆主教堂。一座座建筑，蕴含着奋发向上的日耳曼民族精神和文化历史的积淀。

　　林徽因和梁思成一样，都觉心门顿开，大饱眼福。

　　走进瑞士的湖光山色，林徽因沉醉在风光旖旎的莱蒙湖，她向丈夫侃侃而谈这里的人与自然、人与建筑、建筑与自然的关系，他们终于找到了梦里寻觅千百度的那个艺术的亮点。

　　从此，林徽因和梁思成与建筑一起走进了漫长的岁月。

　　意大利就是一部世界建筑史诗，这里的建筑精致、浑朴、神秘、壮观，完全可以称之为伟大。梁思成和林徽因早就向往之，就连梦中都有一个影影绰绰的罗马。

　　庞贝是一座地下城，在公元1世纪时，它曾是一座非常繁华、有着两万五千名居民居住的美丽城市，却在火山爆发中，变成一片废墟。梁思成沿着这座地下城的街道走着，街道很整齐，笔直宽广，最宽处竟有十米左右。街道两旁的建筑，多是用石头垒砌起来的，楼层则为木屋，商铺林立，鞋店、成衣店、酒馆、银庄，一样不少。中心广场的阿波罗神庙，还留着精美的石柱，许多室内还装饰着壁画。

　　林徽因欣喜地看到，梁思成和她一样，被这座壮烈死去的城市震撼了。同样震撼他们的，还有古罗马角斗场。她和他仔细地看着这座椭圆形的犹如两个对接的半圆形舞台的斗兽场，抚摸着全部用大理石垒砌的柱子和墙身，感受到了它们当初的辉煌。

　　林徽因牵着梁思成的手，几乎跑遍了罗马全城，他们看了卡比多山上的建筑群，马西米府邸和维晋察的圆厅别墅，这些建筑都很鲜明地表述了文艺复兴时期的建筑语言和文化形态，表现了建筑与人的亲切感。站在圣彼得大教堂和圣卡罗大教堂前，它们那种意气昂扬的姿态，让他们看到了整个文艺复兴建筑中最辉煌的作品。当登上了高达一百三十七米的顶点，罗马全城尽收眼底，梁思成赞叹道："真是会当凌绝顶，一览众山小啊！"

米兰大教堂在意大利的北部，驰名世界。远远看去，一片尖塔的森林，乳白色的大理石，在阳光下闪着碎玉般的光泽。在阿尔卑斯山的衬托下，大教堂庄严而神圣。锦绣森林中，露出的尖塔，足足有135座，那塔上的雕像，竟有3615个之多，且和真人一样大小，气势恢宏得令人仰慕。

梁思成和林徽因不停地赞叹着，沉醉在异国建筑文化的神奇中，久久回不过神来。

水城威尼斯更是洞开了一幅别致的画廊，街道就是河道。梁思成兴奋地撑着摇橹小船，在花团锦簇中游弋着。两岸到处耸立着罗马时期的建筑。然后，他们沿着弯弯曲曲的小巷，穿过东北角门，进入威尼斯的中心圣马可广场，顿时感到豁然开朗。

他们信步走在宽阔的广场上，仰望蓝天白云缭绕在别致的建筑、高耸的尖塔上，心旷神怡。特别是那连绵不断的券廊，把高低不同、年代不同、风格迥异的建筑连接在一起，是那样和谐。

两个年轻人从威尼斯走水路，经马赛上岸，沿罗纳河北上，来到巴黎。

来巴黎，不能不去看宫室建筑。

他们先去了南郊的枫丹白露宫。这块风光优美的风水宝地，后被王室辟为猎庄。林徽因好像看见了拿破仑的雄壮和悲哀，完全懂得了它的意大利文艺复兴建筑语言。枫丹白露宫是一座很大的长方形四合院，四面均有建筑物，屋顶的老虎窗、方塔和装饰性的小山墙，构成复杂的轮廓线。由建筑师布瑞顿先后改、增建而成。后人将拿破仑住过的行宫白马院改称"诀别院"，成为他厄运的见证。

梁思成不由得脱口吟诵:"真是人事有代谢,往来成古今啊!"

罗浮宫坐落在塞纳河畔,是欧洲最壮丽的宫殿之一。宫门方形的铜牌上记载着它上溯至13世纪初的历史,随着路易十五、路易十六皇权的衰落,卢浮宫的功能也为之改变,后来被改为国家美术馆。

梁思成和林徽因被宫中珍藏的古希腊、古罗马雕塑艺术品和油画深深地吸引和震撼了。他们打开画夹,一幅幅临摹着,忘记了周围的人群,忘记了时间。

集建筑、园林、绘画之大成的凡尔赛宫,历史悠久,举世闻名。

在著名的镜厅,梁思成转了半天,没有找到一面镜子。他大惑不解。林徽因指给他看那绿色和淡紫色的大理石柱子背面,有十七面拱形的镜子,与廊柱浑然一色,难以分辨,只有阳光射进西面十七扇高大的拱形窗子时,这座大厅才会陡然满壁生辉。

梁思成拍了拍脑门儿:"这下我可知道路易十四为什么被尊为'太阳王'了。"

梁思成看到了法国宫室建筑的文化和艺术,带来了18世纪洛可可艺术的兴起,他惊奇地发现北京的故宫与这里的建筑风格有许多一致的地方。梁思成意识到建筑文化和艺术的演变跟社会结构的形态是同步着的。

林徽因感慨地说:"我现在才理解了民族的就是世界的这句话的含义。"

欧洲文艺复兴时期的每一座建筑,都是经过艺术巨匠的设计,从每一扇旧窗、雕纹和廊檐中透露出伟大、和谐,让梁思成、林徽因为之惊叹。

风月浅辉,树影在月辉下流苏般迷离。

林徽因和梁思成在蜜月旅行中,放飞着建筑的梦想,感受着欧洲古建筑在他们的影子中走过。他们在仰视中,接过前世手中的风笛,低浅地诉说,舒展了花蕾。

试问，世上有几人把浪漫的蜜月旅行，变成了梦想的行程？

蜜月旅行，是浪漫的，也是增长学问的。林徽因感觉这次旅行，实际上给她和丈夫梁思成的梦想装上了一副透明的翅膀，她携起爱人的手，一起蹁跹，为填写中国建筑史的空白和保护古建筑的存在而努力。

第六章 | 生命之花，在建筑新领域绽放

　　林徽因和梁思成结婚后，相濡以沫，把研究中国的建筑史当成了终生目标，并为之奉献。他们的爱情诠释了诗句"执子之手，与子偕老"的意义，他们的梦想和爱情，成为千古佳话。

　　林徽因携着爱人梁思成的手，走进东北大学，并肩创立了东北大学建筑系。在兵荒马乱的日子，她触摸着建筑教育的廊柱，勘查沈阳的北陵等古建筑，柔和坚韧地和古建筑对话，目光持久地锁定于古建筑的飞檐上，倾听风铃清脆的声响，仿佛自己是为建筑而生的。

　　当她生病到香山静养时，那跳动的生命，充满了诗意，一首首的诗歌在病榻上诞生，那是她生命的欢歌和心灵的歌唱。

　　林徽因病好后，扔下幼小的孩子，和丈夫一起翻山越岭考察古建筑，八年时间里，足迹遍及十几个省份。她默默地做丈夫的助手，不仅在实际研究中与丈夫默契合作，在梁思成撰写《清式营造则例》一书时，她铺开素笺，执笔撰写了统率全书的第一章：《绪论》。

创立东北大学建筑系

林徽因的新婚蜜月,是在考察欧洲古建筑中度过的。那是世上最独特、最浪漫的蜜月旅行,此后绝无第二例。她携着爱人梁思成去了法国、英国、瑞士、意大利、西班牙和德国,徘徊于巍峨、宏大的古建筑前,她听见,千百年来组成建筑的石头在歌唱。

地球上的全部生命得以延续,都与那石头的歌唱有关。

唐代杜甫的《茅屋为秋风所破歌》中说:"安得广厦千万间,大庇天下寒士俱欢颜!风雨不动安如山。"这是千年前诗圣的低吟浅唱,倾泻着芬芳的甘露。

林徽因看见前辈建筑师的智慧,她将和丈夫一起,用他们的双手,把蓝图垒叠成摩天大厦。她在寻找吗?寻找那廊檐和门楣的灵动,还是寻找结构和框架的坚实、阔大，抑或是寻找自己梦里一座城的图画？

这是他们第一次也是最后一次联袂访问欧洲大陆。

林徽因兴奋地和自己有着同样兴趣和梦想的爱人梁思成马不停蹄地从一个国家赶到另一个国家，想在有限的时间内把一切他们想看的东西都看到。他们本来计划在欧洲度过整个夏天，可是家里发来的一封紧急电报缩短了他们的计划。梁启超来电告诉他们，东北大学将是他们实现梦想的第一站。

他们踏上了回国的旅途。

一对同行的美国夫妇这样描写了和梁思成、林徽因同行去中国的场景：

> 火车颠簸前行，经过鄂姆斯克、托木斯克、伊尔库茨克、贝加尔以及其他许许多多的站头，最后到达了和中国中东路的接轨站，我们四个人在这里登上向东南穿过满洲的火车，经过哈尔滨、沈阳，到达黄海边的大连。
>
> 我们在沈阳停下来，对一座沿大街布置着石刻人像的古老大图书馆作了礼节性的拜访。思成的父亲在那里有熟人，当我们走过毛笔书法和绘画的珍藏精品展览时，梁这个姓氏产生了巨大的奇迹，引来无数的打躬作揖。
>
> 从大连我们登上了一艘日本轮船横跨直隶湾驶往大沽口，天津的外港。然后又在黄昏和瓢泼大雨中从天津登上一列又慢又漏的火车前往北京。
>
> 车顶上坐满了乘白车的旅客。尽管如此，雨水还是漏进来，落到我们用报纸折成的帽子上，落到立在座位靠背上点着的蜡烛上。我们就这样到了北京，一个鼻孔里是晚香玉的味道，另一个鼻孔里是粪臭，混合着人力车夫和乞丐的叫喊声，在吵吵嚷嚷中把我们迎到了这座我们梦寐以求的城市。

>......
>
>菲莉思是感情充沛、坚强有力、惹人注目和爱开玩笑的。她疯狂地喜欢梅兰芳，因为梅兰芳在她在场时从来不敢坐下；她为能把传统戏剧带进二十世纪的节奏的前景而欢喜。思成则是斯文、富于幽默感和愉快的，对于古代公共建筑、桥梁、城墙、商店和民居的任其损坏或被破坏深恶痛绝。他们两人合在一起形成完美的组合……一种气质和技巧的平衡，即使在其早期阶段的产出也要比它的组成部分的总和大得多——一种罕有的产生奇迹的配合。

细腻的、绘声绘色的描绘，让我们看到了这一对新婚夫妇生气勃勃的精神面貌，和他们追求梦想的真切。

在旅途中，他们夫妻二人频频收到父亲梁启超的信：

>你们回来的职业，正在向各方面筹画进行（虽然未知你们自己打何主意），一是东北大学教授（东北为势最顺，但你们去也有许多不方便处，若你能得清华，徽因能得燕京，那是最好不过了。），一是清华学校教授，成否皆未可知，思永当别有详函报告。另外还有一件"非职业的职业"——上海有一位大藏画家庞莱臣，其家有唐（六朝）画十余轴，宋元画近千轴，明清名作不计其数，这位老先生六十多岁了，我想托人介绍你拜他门（已托叶葵初），当他几个月的义务书记，若办得到，倒是你学问前途一个大机会，你的意思如何？亦盼望到家前先用信表示。你们既已成学，组织新家庭，立刻须找职业，求自立，自是正办。但以现在时局之混乱，职业能否一定找着，也很是问题。我的意思，一面尽人事去找，找得着当然最好，找不到也不妨，暂时随缘安分，徐待机会。若专为生计独

立之一目的，勉强去就那不合适或不乐意的职业，以致或贬损人格，或引起精神上苦痛，倒不值得。一般毕业青年中大多数立刻要靠自己劳作去养老亲，或抚育弟妹，不管什么职业得就便就，那是无法的事。你们算是天幸，不在这种境遇之下，纵令一时得不着职业，便在家里跟着我再当一两年学生（在别人或正是求之不得的），也没有什么要紧。所差者，以徽音现在的境遇，该迎养他的娘娘才是正办，若你们未得职业上独立，这一点很感困难。但现在觅业之难，恐非你们意想所及料，所以我一面随时替你们打算，一面愿意你们先有这种觉悟，纵令回国一时未能得相当职业，也不必失望沮丧。失望沮丧，是我们生命上最可怕之敌，我们须终身不许他侵入。

《中国宫室史》诚然是一件大事业，但据我看，一时很难成功，因为其建筑什九被破坏，其所有现存的，因兵乱影响，无从到内地实地调查，除了靠书本上资料外，（书本上资料我有些可以供给你，尤其是从文字学上研究中国初民建筑，我有些少颇有趣的意见，可惜未能成片段，你将来或者用我所举的例继续研究得有更好的成绩。）只有北京一地可以着手。（幸而北京资料不少，用料学的眼光整理出来，也很够你费一两年工作。）所以我盼望你注意你的副产工作——即《中国美术史》。这项工作，我很可以指导你一部分，还可以设法令你看见许多历代名家作品。……

当时，东北大学准备开设建筑专业课，并约请梁思成和林徽因去创建这个具有划时代意义的专业。建筑教育在中国，还是一片相当不成熟的领域，一切有待于林徽因和梁思成去开发。

林徽因和梁思成，急切奔赴东北大学，去寻觅理想的栖息地。在这片肥沃丰腴的黑土地上，他们将怎样实现楼宇般的梦想？

梁思成夫妇激情满怀地来到东北大学后，校方要求梁思成创建大学的建筑系并组建班子！

这是多么大的挑战啊。一个宾大建筑系毕业不到一年的学生，就要面对这么重要的岗位，梁思成能行吗？当时的中国只有两所建筑学训练中心。南京中央大学机械系内也设有建筑专业，前一年才开始招生的。

林徽因鼓励梁思成，并在后面支持着梁思成。

他们的血液沸腾了。林徽因和丈夫立即投入工作，废寝忘食，兢兢业业。就像一对矫健翱翔的雄鹰，闪光的翅膀，在蓝天中划出一道生命的轨迹。

东北大学建筑系在建系之初，只有林徽因和梁思成两位教师，四十多名学生。梁思成讲授建筑和建筑设计，林徽因讲授雕饰史和建筑设计，后来又讲专业英语。教学任务十分繁重，就连教材都是两个人编写的。后来，学校引进了英美原版教材，为了让学生看得懂，林徽因除了正常的教学之外，还要抽出课余时间为学生补习英文。

和古建筑对话

1928年，日军在皇姑屯炸死军阀张作霖。少帅张学良和中国的其他军阀结成政治联盟，使得沈阳暂时有了个不稳定的和平，正常的生活得以暂时恢复。

战乱人祸中，林徽因和梁思成艰难地实现着他们的理想。在大学里的开端良好。不久，梁思成就被任命为"建筑系责任副教授"，两年以后被提升为"责任教授"。头衔很好听，其实，他所领导的只有林徽因一个人。

第一次拿起教鞭，林徽因想起当她的脚步清脆地叩问欧洲石头的历史，醉卧在风格各异的石头史诗之中时，她就清楚地知道，在被爱情簇拥的同时，也被梦想轻抚。

林徽因在遥远的东北大学，专心倾听一块青砖、一片青瓦以及一座亭、塔、楼的诉说，爱人梁思成陪伴在身边，她忽闪的眼睫毛，一如屋檐等距离排列，<u>丝丝缕缕地梳理着昨夜的梦幻</u>。

期末的时候，林徽因怀孕了。不久，父亲梁启超病重。她不顾自己怀有身孕，和梁思成立即启程赴京，看望已经住进协和医院的梁启超。

1929年1月19日下午2时15分，梁启超没能见到林徽因腹中的梁家血脉就撒手人寰，驾鹤西去。

林徽因万分悲痛。

梁思成怀着悲痛的心情，为公众写出了像亲爱的导师一样的父亲一生中最后几个月的故事。

这篇文章在梁启超逝世两天后登载在《大公报》上。梁思成写道："我父亲一向非常健康，很少生病。"

那种悲哀是深刻的悲凉。

梁思成和爱妻林徽因麻衣草履，饮泣料理丧事，共同为父亲设计了墓碑。墓体、碑体均取材大理石，高二米八，宽一米七，呈中国建筑中的榫头几何形状，与传统的墓碑设计迥异，现代气息浸透其中。循当时习俗，他和她，在距墓碑不远处还保留了一座小亭，那是家人祭扫时休憩的处所。这块墓碑包含了他们对父亲梁启超的敬意和深深的爱。

《新月》杂志组织了悼念梁启超专辑，徐志摩特约林徽因撰写《梁启超先生最后××天》特稿。

林徽因和梁思成把失去父亲的悲痛化为力量，全心全意地投入到建筑教学中，用智慧点燃了中国第一把建筑之火，继而在中国大地上熊熊燃烧起来，呈星火燎原之势。

然而，林徽因和梁思成所处的时代，是外辱内患频频相邻的时代。日寇的入侵和军阀混战，使他们每一天都处于担忧之中。这一切，都不能干扰梁思成和林徽因为中国建筑献身。在光明和黑暗交融的时刻，他们的梦想是那么清晰，他们的激情永在，对事业的热爱始终如一。

每当天近傍晚，忙碌了一天的梁思成和妻子林徽因便手拉手，迎着微微清风，缓缓漫步于校园绿荫遮蔽的甬道。高大的白杨树迎风晃动，莲叶之下的涟漪无声无息，树上的鸟儿展喉歌唱，这一切，宛如另一个世界。

梁思成这座建筑的基础和框架，因林徽因这飞檐和门楣而灵动美丽。

白天，林徽因和梁思成双双在课堂上侃侃而谈，西方建筑史、雕塑史，在他们的口中像溪流潺潺流淌；夜晚，林徽因和梁思成秉烛夜战，修改学生的绘图作业。他们夫妻二人的思维在那些尚未开发的古建筑蛮荒之地飞奔，那是石头在寻找倔强的灵魂。

夜深了，林徽因和梁思成还在灯下工作。

他们的梦想被点亮了，他们似乎看见了一座座高楼平地而起，一座座古塔、古城、古桥、古墙，隐在岁月的深处张望。

林徽因和梁思成在局势混乱中，坚持梦想，培养了中国第一批建筑人才，努力为祖国的建筑事业奠定着基础。在东北大学建筑系，他们共同教过了四十多个学生，其中，刘致平、刘鸿典、张镈、赵正之、陈绎勤等人，日后成了建筑界的精英。林徽因的堂弟林宣也是他们的学生，其晚年在西安冶金建筑学院担任教授。

1929年8月，林徽因在协和医院生下了她和梁思成的第一个孩子梁再冰，名字取自梁启超的"饮冰室"，很明显，他们想以此纪念父亲梁启超。孩子满月后，来东北大学的第三个学期开始了，林徽因和梁思成又回到了东北大学，投入紧张的教学中。林徽因建议梁思成着手计划《中国建筑史》的写作。林徽因甘愿做辅助工作，整理资料，实地考察。在一张老照片里，梁思成和林徽因正一左一右趴在石兽两侧，悉心观察着这历经数百年风雨剥蚀的北陵遗物。

苍茫原野，足迹深深，一颗凌云的心，早已交给了建筑事业。他们在教学之余，到处考察古建筑，凡是附近有古建筑的地方就留有他们的身影，他们都不知道去了多少次清代皇室陵寝了。

过去，林徽因、梁思成对中国古建筑的了解仅仅是从课堂到书本，真正的实地考察工作是在沈阳起步的，造访沈阳的古建筑几乎成了她和他的必修课。他们仔细地丈量了沈阳郊区"北陵"的建筑物。那房檐翘起的大瓦顶和有着无支撑的"幕墙"的木结构类似清宫在北京时期的陵墓，这让他们无比兴奋。梁思成和林徽因小心翼翼地爬到高处，查看每一个古建筑的墙、窗、悬梁、飞檐和廊柱，研究着它们的结构，计算着它们的尺寸以及特色，就像捧着一个灿烂的不老的梦，有着不言而喻的自豪和骄傲。

很快，陈植，还有童寯和蔡方荫来东北大学建筑系任教，梁思成像是插上了翅膀与他们同飞。

昨夜的长风里，友谊的花朵开放了，几个志同道合的年轻人，思谋着把理论赋予实践，于是，"梁、陈、童、蔡营造事务所"成立了。林徽因虽没有挂名，可凡事总参与其中。林徽因怀着壮丽的梦想，以强烈的责任心和使命感，和丈夫梁思成一起合作设计了"萧何园"，这应该是他们最初的实践，也是他们爱情的结晶。

梁思成在东北大学的成就是令人瞩目的，在这里，他完成了中国第一部建筑史的基础资料的写作；他的事务所，完成了吉林大学行政楼、教学楼和宿舍楼的设计。林徽因帮他整理了所有的资料，给他的设计出主意。襁褓中的孩子、繁重的教学任务和学术准备工作，让他们的生活充实而幸福。

充满诗意的山间静养

林徽因的梦，属于建筑，她的生命里充满了丰盈的喜悦和虔诚的信念，以及不屈不挠的精神。

正当她和丈夫梁思成踌躇满志、倾心研究中国古建筑的时候，可恨的日本军方用粗暴的武力关闭了东北大学，梁思成不得不中断刚刚起步、业务繁忙的建筑设计和教育的大好事业。

恰在这个时候，林徽因病倒了，她得了肺结核。1930年秋天，徐志摩专程赶赴东北，去看望林徽因，得知她的病情，建议她回京治病静养。梁思成只好放下万分不舍的建筑教学和研究工作，带着林徽因回京治病，寻求与建筑有关的新职业。

不久，梁思成接受了中国营造学社的聘请，担任研究部主任。早在梁思成于美国留学的时候，梁启超曾经寄给他一本宋代李诫的《营造法式》，他宝贝似的读了许多遍，透过历史的烟云，一点点地破译那些古怪的古建筑行话，了解了那个时代工匠们按照官家指示锯削木材和建造房子的传统手艺，这对他了解中国古建筑史，无疑非常重要。

林徽因的病情却是越发严重了，医生建议她休息三年，并赶紧到山中静养。林徽因看着小再冰，想着梁思成每天要去工作，实在难以决定是否去山间疗养。梁思成是极力主张她去香山静养的。不得已，林徽因放下中国建筑史研究的基础工作，带着母亲和小再冰一起住进了香山双清别墅。正值春天，山中空气新鲜，花草茂盛。林徽因站在别墅门前，望着乾隆帝的题字和琉璃瓦盖顶的别墅飞檐，飞檐在阳光下闪着碎金般的光芒，院墙上爬满了常青藤，院中的池塘里荷花正含苞待放。她的心，再一次激动起来，她的热情，阳光般炽热。她知道，丈夫梁思成正在实现着他们两个人的壮丽梦想，他早义无反顾地投入了对中国建筑史的研究中。她仿佛倾听到了悬挂在记忆深处的古建筑飞檐上的风铃，叮叮当当地敲响了她前行的乐音。她多么希望自己变成一块青砖、一块青石板，或者一个廊柱，倚着那座千年古建筑物，温柔地把自己短暂的一生辉煌地呈现。

住在香山双清别墅的日子里，林徽因在母亲的陪伴下，在山野清新空气的润泽下，心情好了，身体也慢慢地好了起来。她的心里无时无刻不诗情画意着。她离开了繁重的工作，却拿起了笔，一首首的诗歌，像小溪之水潺潺地涌出她的笔尖。

纵观林徽因的一生，她大部分的诗作和文学作品，都是生病时的产物。只有停下建筑学术研究，她才有时间舞文弄墨。香山静养，竟然成了她诗歌创作的起点，此后，她的诗歌不断涌出，一发而不可收。

这个时候，徐志摩、方玮德、陈梦家一起创办了《诗刊》，并向林徽因约稿。

春天的香山，景色宜人，林徽因诗兴大发，忘了医生的禁令，如痴如醉地写起诗来。她的每一首诗，都与人、自然、生命息息相关。

林徽因的诗作，深受英国唯美派诗人的影响，这一特点在她早期的诗作中更加明显。如她写的《笑》：

  笑的是她的眼睛，口唇，
  和唇边浑圆的漩涡。
  艳丽如同露珠，
  朵朵的笑向
  贝齿的闪光里躲。
  那是笑——神的笑，美的笑：

水的映影，风的轻歌。

　　笑的是她惺忪的鬈发，
　　散乱的挨着她耳朵。
　　轻软如同花影，
　　痒痒的甜蜜
　　涌进了你的心窝。
　　那是笑——诗的笑，画的笑：
　　云的留痕，浪的柔波。

　　这首诗是林徽因的早期作品，应该是她艺术风格的代表作，那轻轻的笑如"云的留痕，浪的柔波"，从眼神、口唇边泛起酒窝；那整齐洁白如编贝启唇而露的玉齿，在闪光之间的具象，描绘了一个灿烂无比、甜美绝伦的笑；一个"笑"字编刻在了心里，传神而剔透，痒痒地"涌进了你的心窝"。诗的笑，画的笑，甜蜜、飘逸。她的观察和文字表达细致入微，恰到好处，整首诗别开生面，感情真挚、精微。且上下两节，对称严谨，语言玲珑剔透，诗行中透出美的芳馨，足以见证她的文学功底。

　　作为诗人，林徽因才华横溢，她在香山养病，却触发了灵感，成就了她的诗歌。朝阳、月下，她伏案疾书，一首接一首地写，仿佛香山上的诗，俯拾皆是。对于生活，她总有深切的感受、独到的慧眼，总能发现美，就像一池莲花，清新、淡雅、灵动，总能鲜活、恰到好处地进行形体和灵魂的再造。那精妙的诗词，给人的感受是异乎寻常的震撼，她是富有创造力的诗人。

　　香山的夜晚，宁静寂寥，这个时候，有乐音飘来，拨动了她内心那根智慧与知性、充满想象力的琴弦，于是，她敏感地发现了其中的诗意，一首《深夜里听到乐声》随之诞生：

这一定又是你的手指，
轻弹着，
在这深夜，稠密的悲思。

我不禁颊边泛上了红，
静听着，
这深夜里弦子的生动。

一声听从我心底穿过，
忒凄凉
我懂得，但我怎能应和？

生命早描定她的式样，
太薄弱
是人们的美丽的想象。

除非在梦里有这么一天，
你和我
同来攀动那根希望的弦。

  只有对生活有着透彻的理解，才能写出这样的诗歌。当她辗转在病榻上，一种悲凉摄住了她的心，这乐声就是一种感召，也是一种忆念，唤起了林徽因热烈和真挚的情感，她的心灵深处涌动着轻柔浪漫的诗情。也许，因为林徽因的建筑天赋，她的诗歌在艺术形象的建构上，除了音律美，还具有建筑美，使诗歌清丽、剔透，有着原始未凿的意味。这两种美的结合，使得诗歌的意象，好像赋格曲中最轻柔的音符，那旋律，让你心弦颤动，又余音袅袅；在句式建构上，两长一短的三段式，抑扬适度，如一曲回廊，往还复沓，曲径通幽，构成了深邃的意境，又渲染了那种悲思和凄婉的意味；在韵律上，流畅而不单调，和谐而又自然。

林徽因的诗性直觉，来自江南故土的润泽，那是她生命的根和胚芽。

林徽因在香山上养病两个多月了，她的精神好了许多，脸颊红润了，还稍微胖了一些。虽然诗情画意，却也孤独寂寞。她一次次地独自倚栏，望山花烂漫，听鸟虫呢喃，观绿叶蹁跹。最让她高兴的，是朋友们来看望她。

5月15日，徐志摩和张歆海夫妇、张奚若夫妇，到香山看望林徽因。

林徽因高兴极了，她提议一起去游山。大家从双清别墅到半山亭，从西山晴雪到弘济寺，一路上欢声笑语，不觉已近中午，便去弘济寺吃素斋。

张歆海对寺旁的一块大石头产生了兴趣，他对徐志摩说："志摩，你看这个神鸡石是公鸡还是母鸡啊？"

林徽因笑道："当然是母鸡了，你看它尾巴下有个石洞，人都说这是一只神鸡，每天下五个鸡蛋，乡亲们都叫它'下蛋石'呢！"

张奚若说："你看它的脖子高高扬着，还有它的冠子，哪像个母鸡的样子！"

张歆海驳斥张奚若的公鸡论，说："母鸡就不能把头昂得高一点？人家生了蛋，也该骄傲一下嘛。你看我家的湘眉，生了孩子，一天比一天神气！"

"你别胡说八道了。"韩湘眉嗔怒道，"还是让徽因读读她写的诗吧。"

林徽因说："好久没有这样开心了，我一个人在山上，真是闷死了。诗倒是写了不少，可不好给你们拿出来，就给你们读读我那《一首桃花》吧。"

　　桃花，
　　　那一树的嫣红，

像是春说的一句话：

朵朵露凝的娇艳，

是一些

玲珑的字眼，

一瓣瓣的光致，

又是些

柔的匀的吐息；

含着笑，

在有意无意间

生姿的顾盼。

看，——

那一颤动在微风里

她又留下，淡淡的，

在三月的薄唇边，

一瞥，

一瞥多情的痕迹！

林徽因声情并茂地读完诗后，大家都交口称赞。

韩湘眉说："真是太好了，看来我们是来晚了，没见上那一树的桃花。"

张奚若说："士别三日，当刮目相看。林小姐成了大诗人啦！你在《诗刊》上的那组诗我也读了，写得蛮有味道嘛！"

林徽因说："学长过奖了，还不是志摩催稿子，硬逼出来的，生涩得很。"

徐志摩说："徽因的诗，佳句天成，妙手得之，是自然与心灵的契合，又总能让人读出人生的况味。这《一首桃花》与前人的'记得绿罗裙，处处怜芳草'是同一种境界。"

朋友相见，那真挚的情感融进了诗情画意，让林徽因沉醉在友情和高雅的文学氛围里，品读牵挂和温情，别有一番滋味在心头。

林徽因于香山静养的日子里，创作了《笑》《一首桃花》《激昂》《莲灯》《情愿》《午夜钟声》《山中一个夏夜》《深夜听到乐声》等诗歌，她还创作了短篇小说《窘》。应该说，这是她写诗最多的一年。这些诗表现了她对生活和生命的挚爱，感情细腻、构思巧妙，以独特的想象力，创造了一个内心情感和思想的诗性世界，具有音乐、绘画和建筑美。

从这个花季开始，她走上了诗歌创作的漫长旅程。

梁思成曾说："林徽因是个很特别的人，她的才华是多方面的，不管是文学、艺术、建筑乃至哲学她都有很深的修养。她能作为一个严谨的科学工作者，和我一起到村野僻壤去调查古建筑，测量平面爬梁上柱，做精确的分析比较；又能和徐志摩一起，用英语探讨英国古典文学或我国新诗创作。她具有哲学家的思维和高度概括事物的能力。"

正像梁思成所说的那样，林徽因以旷世的才情，游走于建筑和文学这两个迥然不同的领域，空灵清雅，独秀于尘世，活得精彩、曼妙！

6月12日，徐志摩、罗隆基、凌叔华、沈从文，再次同去香山看望林徽因，此次却让他们忧心忡忡。林徽因刚刚发了十天烧，病情加重，人也显得疲乏。林徽因的母亲带着小再冰陪着她。

林徽因望着窗外正盛的夏景，脸上洋溢着坚强的生命之光。

同心同途上下求索

经过一段时间的休息，林徽因的病情终于稳定了。她的心，再一次为探索古建筑的秘密而沸腾了。

她常常望着北京城的古老建筑沉思，她的心在不停地叩问，远古的先人们是如何搭建起它们的骨架，叠垒起它们的墙壁，雕刻精美的图案的。在飞檐上的风铃声中，她体会到古建筑经历过的尘埃和刀枪剑戟，还有春秋和欢乐悲伤，她已经走进了那些古建筑的故事深处，走进历史的废墟。她扶着"想象"这个词语，来渡"思念"之河。一座塔，就是一部古代史；一座寺，就是一章壮丽的诗篇。古建筑的风景，已成为她的灵魂和生命的一部分，再也不可分割。

这个时候，梁思成在营造学社做得如鱼得水，他已经研究了故宫的建筑结构，勘查了独乐寺和广济寺，并研究了宋代流传下来的《营造法式》等文献。正当他准备大步前行的时候，林徽因来到社里工作，做了他的助手，她在营造学社的职务是校理。林徽因决定和丈夫一起去探索中国建筑的历史，哪怕是踏破山河，也要找到修著《中国建筑史》的资料。岁月的深处，终有一些文字会为那些历经风雨依然屹立的古建筑浅吟低唱，林徽因和梁思成为知道它们，费尽了心思。他们的山河岁月，从此开始，并同心同途。

他们夫妻两个人实践着社长朱启钤"绝学大昌，群才致用"的建社宏愿，也正因为朱启钤的伯乐识马，才成就了梁、林的事业。

梁思成在1934年出版的《清式营造则例》序言中，特向朱启钤表示谢意："若没有先生给我研究的机会和便利，并将他多年收集的许多材料供我采用，这书的完成即使幸能实现，恐也要推延到许多年月以后。"

林徽因夫妇对朱启钤的感激之情，溢于言表。

良好的研究环境为林徽因和梁思成提供了最佳条件，他们翻越山峦和岩石，透过历史的迷雾，去寻找青砖叠垒的传奇，仰望静静矗立了千百年的古建筑。百感交集的心，腾起中华民族的精神火焰，光耀着民族的千古文明。

林徽因默默地做着丈夫的助手，不仅在实际研究中与丈夫默契合作，而且在梁思成撰写《清式营造则例》一书时，铺开素笺，执笔撰写了统率全书的第一章《绪论》。

梁思成曾爱意深深地说:"我不能不感谢徽因,她以伟大的自我牺牲来支持我。"

这就是他们独具魅力的感天动地的爱情方式和永恒的爱。

林徽因和梁思成的爱,根基是共同的梦想,这根基坚实、牢固。就像两只鸟儿,热切地展开翅膀,掠过地平线、山川、大河,与长风长久地交缠在一起。

诗人卞之琳曾写道:"林徽因实际上却是他(梁思成)灵感的源泉。"(《窗子内外:忆林徽因》)

在中国现代建筑学史上,素来梁、林并称,两人你中有我,我中有你,不可分开。他们就像种进大地的两颗种子,深深地把根扎进泥土,根须在泥土的深处交缠,用大爱抒写生命的真情,那是大地永恒的颂歌。

林徽因和丈夫梁思成一起,把目光锁定在古建筑的研究上。在梁思成的支持下,林徽因热忱地投身于古建筑的研究,获得了丰硕的成果,成为中国第一位建筑学女教授、第一位女建筑师,又是唯一登上天坛祈年殿宝顶的女建筑师。

梁思成的建树,若没有林徽因的奉献是不可想象的。他一直和她站在同一平台上切磋、合作。两个人常常为了某一个观点或看法乃至一个词语的表达,争得面红耳赤,但这种争论升华了思想。他们用心叩问千年古塔和庙宇,用泪水祭奠千年人类的创造和毁灭,用火焰般的唇,去吻古建筑物上的古老尘埃,像一股飓风还以那座座纪念碑原有的庄严、肃穆。

据林洙(梁思成的第二任妻子)统计,营造学社在北平期间,除测绘故宫的重要建筑六十余处及市内的安定门、阜成门、东直门、宣武门、崇文门、新华门、天宁寺、恭王府外,还离开北平调查了一百三十七个县市,调查古建筑殿堂房舍一千八百二十三座,详细测绘的建筑有二百零六组,完成测绘

图稿有一千八百九十八张。（林洙著《困惑的大匠梁思成》）

　　林徽因和梁思成扔下幼小的女儿和儿子，同行外出考察。八年时间里，足迹遍及十几个省份，几乎是不到一年就外出一次长途跋涉。他们甚至还到了西北地区距甘肃不远的耀县（今陕西省铜川市耀州区），东南到了临近福建的宣平。北京八大处，山西大同的华严寺、善化寺及云冈石窟，太原、文水、汾阳、孝义、介休、灵石、霍县、赵县的四十多座寺庙殿阁，河北的正定隆兴寺，苏州的三清殿、云岩寺塔，杭州的六和塔、金华的天宁寺、宣平的延福寺，开封的繁塔、铁塔、龙亭，山东有十一个县，包括历城神通寺和泰安岱庙，以及陕西的旧布政司署、药王庙，都留下了他们的身影。

　　这是一条多么漫长的旅途啊！

　　月色朦胧，银白色的光辉穿过窗户，照在忙碌着的梁思成和林徽因的身上，他们在写一本叫《清式营造则例》的书，那盈着激动泪花的眼神，分明浓缩着他们无数次的回眸，那千年不倒的古建筑，诠释了他们所有的坚毅和不懈。

　　梁思成写序时特别说明："内子林徽因在本书上为我分担的工作，除'绪论'外，自开始至脱稿以后数次的增修删改，在照片之摄制及选择、图版之分配上，我实指不出彼此分工区域，最后更精心校读增削。所以至少说她便是这书一半的著者才对。"

　　在研究古建筑的过程中，林徽因和梁思成仿佛看到了古建筑曾经的蓬勃葱茏，它们就像一个凝重的惊叹号，镶嵌在岁月的大地上。

第七章 | 岁月长河里不败的青莲

林徽因和丈夫一起设计图纸，一起研究古建筑，朝夕相伴。聪慧的她，懂得甘做绿叶，和梁思成一起守候梦想。而梁思成又怎么不会带着对她最深切的爱和感激展翅高飞呢？

红尘万象，纠结在生命里。当她同时爱上了两个人，却以金岳霖在岁月的彼岸守候为结局。林徽因从来不乏热情的追求者，虽摆脱不尽万丈红尘中的三千痴缠，她却懂得把这炽热的情和爱轻轻地散落风中，优雅地爱和被爱。

林徽因在处理感情问题时充满了智慧，但她在太太客厅的表现才是美与智慧的绝响。

甘做绿叶伴红花

林徽因和梁思成是一对志同道合的夫妻，他们一起研究古建筑，一起设计建筑图，朝夕相伴，亲密无间。林徽因的灵感来了，画出一张设计图的轮廓，梁思成勾勒几笔，一个不朽的建筑设计图就诞生了；梁思成的每一本著作诞生前，都要经过林徽因的润色才得以出版。

有人说，一个男人的杰作里，必有聪明的女人的汗水淌在里面，两个人共同努力获得的成功，才会更加令人欣喜。爱人除相拥着互相凝视外，还要坚定地守护彼此的理想，只有这样，在走过所有的磨难后，回眸才最幸福。

聪慧的林徽因懂得甘做绿叶，和梁思成一起守候梦想。她愿意做他翅膀下的风，而梁思成又怎么不会带着对她最深切的爱和感激展翅高飞呢？

当梁思成还没有确定未来的事业时，林徽因适时的建议和引导让他喜欢上了建筑，以至于后来梁思成在建筑事业上取得了很高的成就。当他竭尽全力完成《中国建筑史》的写作时，林徽因默默地帮助他，和他一起到野外考察古建筑，拍摄图片，整理所需的全部珍贵资料。在他一筹莫展的时候，她为他出主意，提供灵感。

当梁思成没日没夜地撰写《中国建筑史》时，颈椎病发作了，他拿一个玻璃瓶垫住下巴，坚持写作，并用英文绘制了一部《图像中国建筑史》。林徽因心疼地看着他带病工作，她在肺病复发的折磨下，想尽办法帮助梁思成。她在床上靠着被子半躺半卧翻译了一批英国建筑学期刊上的学士论文，通读二十四史中关于建筑的部分，来帮助丈夫研究汉阙、岩墓。

梁思成在《中国建筑史》这部著作里，把在营造学社十二年来对中国古建筑的研究和考察得到的资料系统地归纳总结。全书共八章，把中国三千五百年的历史分为六个建筑时代，并对每个时代的建筑遗存进行了清晰的介绍和论证。在这部书的著述过程中，林徽因承担全部书稿的校阅，并执笔写了书中的第七章：五代、宋、辽、金部分。

梁思成在《中国建筑史》的前言中表达了对林徽因的爱和敬重："最后，我要感谢我的妻子、同事和旧日同窗林徽因。二十多年来，她在我们共同的事业中不懈地贡献着力量。"

张清平在《林徽因传》中说出了林徽因对于梁思成事业的帮助：

> 思成所做的这一切，都融入了徽因的心血。徽因在测量、绘图和系统整理资料方面缺乏思成的严谨、细致和耐心，但在融会材料、描述史实的过程中能融入深邃的哲思和审美的启示。思成的所有文字，大多经过她的加工润色。这些文字集科学家的理性、史学家的清明、艺术家的激情于一体，常能见人所未见，发人所未发。

《中国建筑史》上没有林徽因的名字，却融入了她大量的心血。她为了帮助丈夫取得古建筑研究的成功而辛辛苦苦地付出着，收集资料、执笔写作、加工文字、校对书稿，她还亲自用钢板刻印文件，却不在乎书上是否有她的名字。那是她无悔的付出和深深的爱的表现。

林徽因不像有的女人，常常抱怨爱人为了工作忽视了自己，她聪明地不让工作抢走丈夫，而是同他一起工作。

梁从诫回忆父亲和母亲的默契时说：

……母亲在测量、绘图和系统整理资料方面的基本功夫不如父亲，但在融汇材料方面却充满了灵感，常会从别人所不注意的地方独见精彩，发表极高明的议论。那时期，父亲的论文和调查报告大多经过她的加工润色。父亲后来常常对我们说，他文章的"眼睛"大半是母亲给"点"上去的……

古老的建筑大多数都在偏远的山区，为了给《中国建筑史》搜集研究资料，林徽因常常陪丈夫外出考察，甚至拖着病体，跋涉于深山老林。她对考察古建筑充满了热情，她说："无论哪一座巍峨的古城楼，或一角倾颓的殿基的灵魂里，无形中都在诉说，乃至于歌唱，时间上漫不可信的变迁。"

费慰梅在《梁思成和林徽因》一书中记载了他们考察时的快乐：

我们在北京和思成在一起的时间是很有限的，但在峪道河他就是我们中间的一员了。我们四个人每天三顿饭都在一起吃，头一天我们就发现他爱吃有辣椒的菜。这个沉默寡言的人在饭桌上可是才华横溢的。我们吃饭的时候总是欢闹声喧……我们四个人很高兴地徒步或骑毛驴考察了附近的寺庙，远一些的地方我们就租传教士的汽车去。费正清和我很快就熟悉了丈量等较简单的工作，而思成则拍照和做记录，徽因从寺庙的石刻上抄录重要的碑文。

野外考察应该说是一个壮举，而林徽因在这个壮举中，就像一朵不败的莲花，闪烁着生命的光芒。

林徽因和梁思成在北京北总布胡同3号的家，充满了温馨的研究氛围，两个人一起商讨《中国建筑史》这一段该如何写下去，还需要什么资料，有的时候，为了一个模糊的问题，两个人会争得面红耳赤，争论后，一切问题就都清晰了，林徽因的脸庞在海棠花的映衬下，显得那么美丽和充满活力。

那个上午，梁思成奋笔疾书，《中国建筑史》又多了个章节，他站起身，扭了扭乏累的腰身，一抬头便看见墙壁上悬挂的梁启超手书的对联："清水出芙蓉，天然去雕饰。"内心的感慨浪花一样涌了上来。林徽因走进来，叫他去吃饭。他跟着她朝餐厅走去。

林徽因就是天然去雕饰的出水芙蓉，她用自己的青春、智慧和生命，为自己和爱人梁思成铺出了一条顺畅的道路。她的才华，对梁思成的事业有着巨大的帮助。

当梁思成专心研究古建筑的时候，林徽因却陷入了家务的繁忙中。她每天操持着丈夫、母亲、孩子及佣人们生活上的所有事情，天天忙到很晚才歇息。费慰梅曾说："她实际上是这十个人的囚徒。"（费慰梅著《梁思成与林徽因》）

林徽因为了让梁思成专心工作，尽着梁家长嫂、林家长姐的责任，让前来的弟妹们吃好住好。她画过一张床铺图，各个卧室共计安排了十七张床铺，每张床铺标明谁要睡。她更得准备他们的早点和茶水。

琐碎的家务占据了她大量的时间，她也曾抱怨，她曾给费慰梅写信说：

  我一起床就开始洒扫庭院和做苦工，然后是采购和做饭，然后收拾和洗涮，然后就跟见了鬼一样，在困难的三餐中间根本没有时间感知任何事物，最后我浑身痛着呻吟着上床，我奇怪自己干吗还活着。这就是一切。

  繁重的家务干扰了林徽因制图或写文章，时间在琐碎的家务中飞走，犹如花瓣难以承受一场狂雨。多数时候，她刚刚沉下心来画草图或写篇文章，佣人就进门请示，她不得不放下手中的工作，去处理家事。但为了梁思成的事业，她心甘情愿这样操劳。

  林徽因爱自己的孩子，她给儿子起名梁从诫，希望他步宋代建筑师李诫建筑研究的后尘；她悉心照料生病的女儿，彻夜不眠；她护着异母弟弟林恒，给他姐姐的关爱；她为住在自己家的梁思顺的女儿忍受着误会和委屈。

  不管怎么样，她都没有放弃理想。她像一朵静美的莲花，等待露出清澈富饶的色彩。

  林徽因在她的《平郊建筑杂录》一书里，将建筑学研究注入了人文色彩，提出了"建筑意"这个建筑学的新概念，这是她在建筑学研究方面独特的重要的建树和贡献。

  林徽因和梁思成生活的20世纪30年代，社会动荡，战乱不断，但这却没有影响他们的建筑学研究，但是，树欲静而风不止，风雨时常袭击这两位学者宁静的小院。

  那是"一二·九"学生运动，参加示威游行的学生遭到军警的追捕镇压。林徽因得知上中学的弟弟林恒参加了游行，焦急万分，直到天黑透了，仍不见弟弟的踪影。她到处打电话问询弟弟的下落。梁思成则开着汽车一家家医院地寻找，却不见林恒的影子。子夜，时钟敲响了十二点，有了林恒的消息。

林徽因立即启程，自己驾车到西城一个偏僻的小巷把弟弟接了回来。

这时候，林徽因的家成了进城游行学生的接待站和避难所。当一个被军警砍伤的学生血流满面地跑来时，林徽因急忙拉他进屋，给他包扎伤口。梁思成的妹妹梁思懿担任燕京大学"中华民族解放先锋队"的大队长，是游行队伍的领袖。梁思懿得知自己上了黑名单后，当晚跑到大哥大嫂家中。林徽因和梁思成安排她立即离开北平。林徽因亲自给她化装，用烧红的火钳为她烫发，给她戴上耳环，涂脂抹粉，穿上旗袍，梁思懿立刻从大学生变成了少奶奶。梁思成亲自开车，送梁思懿上了南下的火车，离开了北平。林徽因在她临行前交代，途中凶吉，用电报给他们报信，平安既发贺电，出事则是唁电。结果林徽因收到梁思懿发来的一封"恭贺弄璋之喜"的电文，担心了三天的她终于放下心来。

乱世中的腥风血雨，没有阻挡林徽因和梁思成前行的脚步，他们坚定的信念、匆匆的步履，在跌宕起伏、千折百转中，永远向前。

我在岁月的彼岸守候你

1931年至1937年，金岳霖和林徽因、梁思成同住在北总布胡同3号的四合院里。林徽因住前院，大院；金岳霖住后院，小院。前后院都单门独户。

金岳霖是清华大学的教授、著名的哲学家和逻辑学家。

金岳霖和林徽因的相识颇有戏剧色彩。1931年，金岳霖结识了在北平因病修养的林徽因，当时，梁思成仍然留在东北大学执教，徐志摩经常去看望林徽因，为了避嫌，他就叫上在国外留学时的好友金岳霖等人一起去。用现在的话讲，金岳霖当时颇有"电灯泡"之嫌。几次接触后，金岳霖被谈吐优雅、聪明睿智的林徽因吸引了。后来，北平文化界的朋友们相聚在林徽因的

"太太客厅"，谈笑多鸿儒，金岳霖也是其中一个。谈笑风生中，他对林徽因越来越喜欢。频繁接触后，金岳霖索性搬到梁思成家后院住下，来往非常密切。金岳霖会烤面包，每天早起烤好面包，先送去梁家，再回来吃早餐。渐渐地，金岳霖仿佛是梁家一个后加入的成员。梁氏夫妇的起居室有一扇小门，经由"老金"的小院子通向他们的房子。通过这扇门，他常常被找来参加梁氏夫妇的聚会。到星期六的下午老金在家里和老朋友们一起的时候，流向就倒过来了。这种时候，梁氏夫妇就穿过他的小院子，进入他的内室，和客人混在一起，这些人也都是他们的密友。

金岳霖在清华学堂毕业后，去美国哥伦比亚大学学习政治学，两年后，获得博士学位。后来，他开始研究逻辑学，并以此为事业。金岳霖是逻辑学奇才，不但学识渊博、见解独特，而且幽默风趣。当文化界名人聚在一起讨论时，他的绅士风度和理性渐渐地博得了林徽因的信任和欣赏。林徽因优雅的谈吐和博学也让金岳霖感到赏心悦目，他对她赞美至极，呵护备至。

当梁思成外出考察时，怀有身孕的林徽因有时情绪焦虑，这时，金岳霖就会耐心地劝解她，幽默风趣的话语，给了林徽因快乐，渐渐地，她感觉自己依赖上了金岳霖，这份感情似乎超越了朋友间的界限。林徽因不想隐瞒，她从容地告诉了梁思成。

那日，梁思成从宝坻考察归来，林徽因告诉他，她很痛苦，因为她同时爱上了两个男人，一个是自己的丈夫，一个是隔壁邻居金岳霖先生，她不知道该怎么办。

林徽因对梁思成是完全信任的，不然遇到这样难以启齿的惆怅，怎么可以跟他说，去征求他的意见呢？

梁思成不会看不出来金岳霖对林徽因的倾慕之情。林徽因是何时爱上金岳霖的，他不得而知，也不想知道。也许，放手是另一种爱。爱一个人不一定要厮守在一起，远远地看着她幸福，就是最爱、大爱。

第二天，梁思成温情地看着林徽因，说："你是自由的，如果你选择了老金，我祝愿你们永远幸福。"

林徽因哭了，那哭声就如同一串音符在风中微微跳动，延伸到梦里。她对梁思成说："你给了我生命不能承受的重，我要用一生来偿还。"

林徽因把梁思成的话，告诉了金岳霖，金岳霖低下头想了想，说："看来思成是真正爱你的，我不能伤害一个真正爱你的人，我应该退出。"

三个人冷静后，重新整理好情绪。林徽因知道自己该怎么做，既然不打算放弃婚姻，就该始终如一地爱自己的丈夫，这样一场感情风波，更加坚定了她对家庭的守候。在爱情的路上，林徽因从来不乏热情的追求者，虽摆脱不尽万丈红尘中的三千痴缠，她却懂得把这炽热的情和爱轻轻地散落风中，优雅地爱和被爱。

从此，金岳霖的守候是默默的，只有这样，才能不让林徽因有压力，不让梁思成反感和厌恶，而梁思成给予了他们最大的信任了。

他们三人在人生的选择中把仁爱和真诚放在了首位。这应该是爱的最高境界了。

在《金岳霖口述回忆录》里，他提起和梁思成、林徽因的友谊，动情地说："爱与喜欢是两种不同的感情或感觉。爱说的是父母、夫妇、姐妹、兄弟之间比较自然而然的感情……喜欢说的是朋友之间的喜悦。它是朋友之间的感情。我的生活差不多完全是朋友之间的生活。"

金岳霖就如同一株陌上的离离初草，静静伫立，独自鲜活，春风吹过后，在空旷的原野、狭窄的山谷，只有暗恋陪着他地老天荒。他在遥远的景色里，注视着林徽因美丽的背影，看着她幸福地跟着梁思成离去，他的心就装满了幸福。

林徽因有时和梁思成拌嘴吵架，闻声赶来的金岳霖不谈吵架的缘由，开口就是讲生活与哲学的关系，用自己的幽默轻松化解两口子的矛盾，让两个人迅速熄火。

当中国燃起抗日战火时,他一路追随林徽因和梁思成到了云南;当梁家在李庄困顿时,金岳霖从昆明赶去,那个时候,看到病得很严重的林徽因脸色苍白,毫无精神,根本没有了以前的奕奕神采,他心酸至哽咽。他得知她因战时困难,缺乏营养,便跑到市场买了几只鸡崽饲养,等着它们下蛋。梁从诫曾说:"在李庄的时候,金爸在的时候老是坐在屋子里写呀写的。不写的时候就到院子里用玉米喂他养的一大群鸡。有一次说是鸡闹病了,他就把大蒜整瓣地塞进鸡口里,它们吞的时候总是伸长了脖子,眼睛瞪得老大,我觉得很可怜。"

金岳霖一边写他的《知识论》,一边饲养着他的几十只鸡。有这样一张照片,金岳霖和他的一群鸡合影:白色的竹篱笆围着已经长到半大的鸡,黑白都有;消瘦、头发已经斑白的金岳霖拿着玉米之类的食物在喂它们;一只大黑鸡从他的手心里啄食;旁边站着梁思成、梁再冰和梁从诫,还有一邻家少年,他们饶有兴致地看着哲学家喂鸡。

抗日战争期间,他们一度离散,金岳霖说:"我离开梁家就像丢了魂一样。"以后他们几乎没再分开过。后来林徽因在病魔的蹂躏下,经常卧病在床,已经不复当年那个风华绝代的女子。金岳霖依然每天下午三点半,雷打不动地出现在林徽因的病榻前,或者端上一杯热茶,或者送去一块蛋糕,或者念上一段文字,然后带两个孩子去玩耍。

梁思成一家跟他相处融洽。金岳霖临死前,还和林徽因与梁思成的儿子梁从诫生活在一起,他称他"金爸",对他行尊父之礼。而他去世后,也和林徽因葬在同一处公墓,像生前一样做近邻。

为了林徽因,金岳霖终身未娶,直到1984年去世。他花了二十五年的时间,追随已经嫁为人妇的林徽因,却没想过把她从家庭里拉走;又花了三十年时间思念已故的林徽因。金岳霖也是性情中人,他有几个小故事,足以见其真性情。

早在西南联大的时候,一次敌机来袭,坐在大石头上的金岳霖不顾一切地保护自己未完稿的作品《知识论》,结果在空袭过后,他第一时间回到石头边,却找不到书稿了,一怒之下,金先生重写了二十多万字的《知识论》。

林徽因去世多年后的一天,金岳霖突然把老朋友都请到北京饭店,没讲任何理由,收到通知的老朋友都很纳闷。饭吃到一半时,金岳霖站起来说,今天是林徽因的生日。在场的人无不唏嘘感动。

1983年的一天,有人把编辑好的林徽因诗文样本给他过目,并希望趁他思维尚且清醒时,录下他想对林徽因说的珍贵的话语。然而,金岳霖迟迟不开金口。等待着,等待着,时间一秒一秒地过去了,录音磁带一圈又一圈地空转过去。终于,他一字一顿、毫不含糊地告诉人们:"我所有的话,都应该同她自己说,我不能说。"他停了一下,显得更加神圣与庄重,"我没有机会同她自己说的话,我不愿意说,也不愿意有这种话。"

这一组电影镜头一样的画面,体现了金岳霖的爱是那么真挚,情深意笃,让世人感动。

这么温馨的场面,如果没有梁思成的宽容、大度,恐怕是不会存在的。

最美好的爱情,往往留有遗憾,把爱留在心间,远远地看着你幸福,我就幸福了。金岳霖毕竟是知识分子,他冷静理性地驾驭自己的感情,为了林徽因,他理性地退出,又甘心为她终身不娶,就连她死后,他也守护她的魂魄,度过朝朝暮暮,春夏秋冬。不管林徽因搬到哪里,金岳霖都会成为她的邻居,默默陪伴,默默守护。他一直是梁家沙龙的座上客,他与梁氏夫妇志趣相同,交情至深。他在心里爱了林徽因一辈子,却不去索取那份爱。

默默地爱上不该爱的人是一种自毁,也是一种伟大的牺牲。

林徽因爱金岳霖,亦是爱得理智,更多的是钦佩和敬爱。

梁思成更是理性、宽容、大度、豁达的,堪称伟大的男人。他知道,越是爱得深，就越要让爱人幸福，放手无疑也是一种美丽。他始终懂得妻子的情感，知道她是聪明智慧的，她的人品决定了她不会越雷池一步。

爱情就像一首歌，其最高境界，是划过心弦时的余音袅袅。

岁月渐远，金岳霖愿意付出这一生去守望，无论流年怎样变迁，无论林徽因是否在世，他始终为她保持着一颗跳动的心，让爱终年不枯，他的爱因穿越了时间和生死而永恒。他没有誓言，不去承诺，却倾其人生去守望，直到生命的终点。

而梁思成、林徽因也与金岳霖终身为友。走过万水千山之后，三个高尚的人，演绎了高尚的故事，盛开了超现实的花朵，在轻灵梦幻和不经意的表象中，其内涵深刻、大气、典雅、柔润，接近本质。

这种爱情博大、宽容，世上绝无仅有。

第八章 | 勇于填补空白女建筑学家

  古建筑，我醉在了你的婉约缠绵和热情奔放里，激越的鼓点响起，灿烂的笑容、嘹亮的歌声，折射出你伫立千年的风采，我要带着你的记忆远行，让旅程充满和你的对话，带着我的诗情和你的诗韵，遥想火热的情歌。

  林徽因是建筑学家，又是诗人、作家，她不顾疾病困扰，不顾幼小的孩子，拖着虚弱的病体，跋山涉水，去寻找祖国大地现存的古建筑。

  佛光寺，是林徽因和梁思成发现的中国现存最早的唐代市结构建筑，为了勘定其年限，林徽因不顾身体虚弱，第一个爬上两丈高的大梁，那姿势优美而永恒。

  林徽因挽着梁思成的手臂，和他一起跋涉于祖国山河之间。在云冈石窟，他们发现了北魏风格的建筑，巨大的惊喜让他们欢呼起来。

  林徽因和梁思成几乎清空了自己，才为古建筑腾出了更大的空间，安放不断增厚的历史。战乱中，他们去考察广胜寺，留下了辉煌的一页。

赋予古建筑诗情画意

　　灵魂跳动着，跃跃欲试，远方瑰丽的梦闪动着希冀的光芒。那是林徽因不经意的回眸，让古建筑光彩夺目，生命从此有了不褪色的温暖，有了一个没有尽头的梦。

　　1931年9月，林徽因和梁思成加入朱启钤先生创建的中国营造学社，梁思成任法务部主任，林徽因任"校理"，负责讲授中国古建筑史。两个人成为专门研究中国古代建筑史的研究者。林徽因讲授的中国古建筑史渐渐地得到了学术界的认可。

　　11月19日，二十七岁的林徽因被安排为十几个国家的驻华使节讲授中国建筑艺术，这一次学术和外交意义的活动，被林徽因赋予了诗意的神韵。

　　这天晚上，协和小礼堂，林徽因的独角戏别具风采。她把自己打扮得淡雅而庄重，一举一动，都优雅端庄。当她迈着轻盈的步伐，走向讲台时，台下爆发了热烈的掌声。站在讲台上，她微笑着环视着台下，用一口流利而标准的牛津英语将中国的古建筑介绍给外国朋友。她妙语连珠，诗意般的语言引起了一阵阵热烈的掌声。她这次讲的是《中国的宫室建筑艺术》，林徽因刻意用诗意的语言包装了民族的建筑文化。

林徽因的善谈是出了名的，此刻，她站在台上侃侃而谈，如珠妙语从她扇贝一样洁白的牙齿间溪水一样潺潺流出，她说：

女士们，先生们！建筑是全世界的语言，当你踏上一块陌生的国土的时候，也许首先和你对话的，是这块土地上的建筑。它会以一个民族所特有的风格，向你讲述这个民族的历史，讲述这个国家所特有的美的精神，它比写在史书上的形象更真实，更具有文化内涵，带着爱的情感，走进你的心灵。

漫长的人类文明历程，多少悲壮的历史情景，梦幻一般远逝，而在自然与社会的时空演变中，建筑文化却顽强地挽住了历史的精神气质和意蕴，它那统一的空间组合、比例尺度、色彩和质感的美的形态，透视出时代、社会、国家和民族的政治、哲学、宗教、伦理、民俗等意识形态的内涵，我们不妨先看北平的宫室建筑。

林徽因娓娓叙述，从北京的故宫到天坛，再到北海的白塔。各国使节和听众，仿佛跟着她的讲述走进了一个个中国古建筑的恢宏现场，爆发着一阵阵热烈的掌声。她完美的讲演，让她的事业有了一个新的开始；她的秀美和诗情让建筑灵动起来，充满了诗韵的气质。

第二年的夏天，身怀六甲的她由丈夫梁思成、母亲和女儿陪伴着再次到双清别墅休养。但她却把这次休养当成了考察古建筑的契机，和丈夫梁思成一起，穿过郁郁葱葱的树林与草地，在灿烂的阳光和清脆的鸟鸣声中，拜访了香山附近的古建筑。

一天早上，林徽因兴致勃勃地向梁思成提出建议，要去卧佛寺考察。梁思成立即表示同意。于是，他们牵手迎着清晨新鲜的空气和灿烂的朝阳，朝位于香山东面、寿牛山南麓的卧佛寺走去。卧佛寺始建于唐代贞观年间，元代在寺内铸造了一尊巨大的释迦牟尼佛涅槃铜像，这也是卧佛寺名字的由来。

林徽因一眼就看见卧佛寺各个大殿的造型与结构都是标准的清代风格，她和梁思成的兴趣不在这里，他们看重的是卧佛寺的建筑布局。站在卧佛寺门前，首先映入眼帘的是左右两条游廊，它们从山门开始，一直贯穿全寺，使得整个寺院呈长方形。这是唐代建筑的特点之一。这一发现让两个人雀跃不已。

但让两个人痛心的是，寺庙已经将大部分分殿堂租给了基督教青年会，签订了二十年的合约。观音堂前水池四周的栏杆，也被拆下来垒成了台阶。

从卧佛寺出来，林徽因和梁思成途经八大处的杏石口，看见那里有三座石佛龛。

三座佛龛分别立于南坡与北坡的山崖上。林徽因来了灵感，手指三座佛龛说：“思成，你看，它们俨然为天地间的三位看客，看着人世间的喜哀怒乐和沧桑巨变。”

梁思成爬上佛龛，用手拂去覆盖在上面的灰尘，看见了"承安五年四月二十三日到此"和"至元九年六月十五日　贾智记"几个字，他掐指一算，道："承安是金章宗的年号，承安五年应该是公元1200年。至元九年是元世祖年号，元顺帝的至元到六年就改元了，所以，这个至元九年是1272年。"

林徽因听了，感叹道："这三座佛龛，阅尽了四野，已经承受了七百多年的风风雨雨，又有多少人事、朝代都被风吹雨打去？"

林徽因又一次以诗人的情怀，赋予古建筑以诗情画意。她用诗人的感性赋予了古建筑诗韵的美好，这应该是她独特的地方。是的，她在和梁思成考察古建筑时，决定势必要在考察建筑的同时，挖掘出建筑之美。她懂得，那些声名显赫的景致，不一定就比名不见经传、淹没在乱石荒草中的断碑颓垣、残墟遗构好，后者也是他们踏破铁鞋无觅处、得来全不费工夫的宝贝。

1932年11月，林徽因在《中国营造学社汇刊》第3卷第4期上发表了论文《平郊建筑杂录》，在这样一篇专业性质极强的论文中，却能处处看到她诗意的笔触。她写道：

> 这些美的存在，在建筑审美者的眼里，都能引起特异的感觉，在"诗意"和"画意"之外，还使他感到一种"建筑意"的愉快……
>
> 顽石会不会点头，我们不敢有所争辩，那问题怕要牵涉到物理学家，但经过大匠之手艺、年代之磋磨，有一些石头的确是会蕴含生气的。天然的材料经人的聪明建造，再受时间的洗礼，成美术与历史地理之和，使它不能不引起赏鉴者一种特殊的性灵的融会，神志的感触，这话或者可以算是说得通。

学术文章是严谨的，林徽因却在枯燥、乏味和严谨的叙述中，保持着盎然的诗意，赋予了冰冷的石头以生命力和美，她创造的"建筑意"成为最美的专业术语。

那是她灵动的灵魂，在梦想的辉映下的跳跃和奔跑。

林徽因让建筑有了诗意的升华，她的心灵深处，对中国的建筑研究有着沉静如磐石般的爱恋。她的梦想，从未停息过，她的坚守如同一种舞动的节奏，让沉闷和枯燥的古建筑研究活跃出动感的美丽，她以崭新的姿态、清澈的心灵，朝着梦想的方向前行。

二丈高的大梁上的发现

林徽因是富家子弟,虽不是金枝玉叶,却也从小没有吃过苦。但在考察古建筑时,她却不怕苦,不娇气,表现出了男儿般的泼辣劲。

林徽因和梁思成所处的时代,中国没有古建筑名录,谁也不知道,在广袤的中国大地存留着哪些古建筑,最久远的古建筑是哪个朝代的,更不知是否还有唐代木构建筑的存在。

林徽因和梁思成要研究中国古建筑史,就得亲力亲为,去考察现存的古建筑,去研究中国以砖木构建的房屋到底是哪个朝代建设的。从此,他们风餐露宿,在交通极其不便的情况下,跋山涉水,踏破山河,去寻找古建筑。

西方的古建筑是由石块砌成的,经得起风雨侵蚀和雷火毁坏,许多朝代过去了,那些古城堡和教堂依然屹立。而中国的古建筑是由砖木构建的,很容易遭到毁坏,还有现存的古建筑吗?

日本人曾宣称,要看这样的建筑只有去他们的奈良城。

林徽因和梁思成下定决心,要找到中国年代最久远的由砖木构建的房子,哪怕是大海捞针。

1937年初夏,梁思成、林徽因和学社同仁莫宗江、纪玉堂一起,向五台山进发。空旷深邃的荒野,衬托着若隐若现的群山,他们骑着驮骡,在狭窄崎岖的山路上艰难地行走。后来,骡子累得不肯走了,梁思成、林徽因他们跳下骡背,牵着它们继续前行。

经过两天的艰难跋涉,他们终于在黄昏时分,看见了夕阳下金光四射的宏伟殿宇。那远翘的飞檐、硕大的斗拱,还有柱头、门窗,处处都像唐朝工匠的高超技艺。林徽因和梁思成他们激动地欢呼起来,是兴奋赶走了浑身的疲劳。

　　林徽因和梁思成都明白，科学不能只凭直觉，兴奋过后，需要他们艰辛地确证。

　　林徽因一点儿也没有大小姐的娇气，她第一个爬上两丈高的大殿脊檩去寻找可能的依据。她知道，那里通常会写下建造的年代。接着，梁思成也爬了上去。这么艰辛而又危险的事，林徽因和梁思成总是第一个冲上去。

　　林徽因在一片漆黑中，打开手电，看见檩条上落满了蝙蝠，足有千余只，它们傻傻地看着闯入的不速之客，竟不散去。她拿出相机拍照，镁光灯的骤然闪亮惊飞了蝙蝠，却有密密麻麻的臭虫蠢蠢欲动，不停地爬上爬下，林徽因只好与蝙蝠、臭虫周旋。那种艰难可想而知。几天过去了，他们还没有找到线索。

　　他们做了个木梯子，林徽因和梁思成再一次爬上两丈高的大梁，清洗厚厚的尘土。忽听林徽因惊喜地叫了声："老梁，快看！"

　　梁思成小心地爬过去，隐约辨出了梁面有墨迹，两个人费劲地认了半天，仅见到一行字："女弟子宁公遇。"其余则依旧模糊一片。

　　莫宗江提议搭个上下的支架再看。梁思成采纳了建议，四人忙了两天，支架搭好了，待洗去梁上积了千年的厚厚灰土，梁思成和林徽因再次爬上去，用了足足三天的时间，才读全梁面的题字。原来宁公遇就是捐资建造这座佛殿的女施主，大殿建于唐朝大中十一年，即公元857年。

　　佛光寺就是发现的中国现存最早的唐代木结构建筑！

　　这一伟大的发现，让林徽因和梁思成等人狂喜不已。

　　此刻，夕阳西下，殿前庭院里一片灿烂。梁思成他们取出带来的饼干、牛奶和沙丁鱼罐头等食物，倾其所有地庆祝了起来。

　　这是梁思成和林徽因在北方的最后一次联合考察，就是在这次考察中，他们发现了唐代木构建筑佛光寺，这一发现也让他们载进了中国建筑的辉煌史册。

　　考察之路的艰辛是常人无法想象的，令人惶恐的断餐时有发生，一碗黑面条足以延续穷乡僻壤里的跋涉，走下去是唯一的选择，在林徽因的面前只有信念。她牵着爱人的手，坐在毛驴拉着的大车上，风尘扑面，颠簸摇曳，于静谧的深山荒野，追寻那个关于古建筑的梦。

　　走，只有走，向着那个偏远的深山荒野。古建筑在哪里伫立，哪里就有林徽因和梁思成他们的身影。缓缓的驴车碾压着过往的岁月，崎岖的山路上有瘦马兀自踏响一行长蹄，浩瀚的岁月古老了千年的矗立，蹒跚的途中，绵延不绝的钟声，奏响他们心中的坚韧和不悔，任凭前方的空谷是悬崖还是桥梁，也要将古旧却温暖的声音收藏到血液里。

　　据营造学社某日考察笔记记载，林徽因和梁思成的足迹，足以震撼阅读者的心灵："下午五时暴雨骤至，所乘之马颠蹶频仍，乃下马步行，不到五分钟，身无寸缕之干。如是约行三里，得小庙暂避。"又一日记载："行三公里骤雨至，避山旁小庙中，六时雨止，沟道中洪流澎湃，明日不克前进，乃下山宿大社村周氏宗祠内。终日奔波，仅得馒头三枚（人各一），晚间又为臭虫蚊虫所攻，不能安枕尤为痛苦。"可见风餐露宿是常有的事。考察的艰辛还在于风险，途中他们要提防土匪的出没；到了考察点，测量旧寺古塔，爬上风蚀了数百上千年的顶端，随时都有坠落的可能。

　　梁思成在记述中说："今天工作将完时，忽然来了一阵'不测的风云'，在天晴日美的下午五时前后狂风暴雨，雷电交加。我们正在最上层梁架上，不由得不感到自身的危险。不单是在二百八十多尺高将近千年的木架上，而且近在塔顶铁质相轮之下，电母风伯不见得会讲特别交情。"

　　林徽因和梁思成一起艰苦跋涉，无怨无悔，尽管困难如山，对梁思成来说已实属不易，但林徽因让他感动，支撑着他经受住了艰苦的洗礼。

谁能相信，作为大家闺秀、肺结核患者，林徽因竟如男子一样，餐风宿雨，爬梁上柱？

因为肩负着神圣的使命，所以他们只能选择坚忍、刚毅。

他们伏在草丛里读碑碣，为在砖堆中间偶然碰到菩萨的一只手、一个微笑而激动，而欣喜。

东看看，西走走，夕阳背在背上，真和掉在另一个世界里一样！

梁思成和林徽因在探访古建筑的过程中，一路走来一路歌，古今兴废，坚持在上下求索的跋涉中，有着英雄的豪气和胆魄。风和雨，停泊在意志的指尖上，欢笑和沉思，在千年古建筑脚下，生长出传奇的白莲，辉映着凄美和柔情的古浮雕。

那个流光溢彩的傍晚，走进故事的深处，走进老历史的废墟。梁思成和林徽因已将那辽阔、贫瘠的中国古建筑史的空白填满！

踏遍山河为修史

古建筑一如既往的安静，笑看人世间的升与降、沉与浮。

梁思成的寻找是执着与坚定的，而林徽因陪着他，怀着一种英雄的情怀，去完成先人没有做过的事情——中国古建筑的发掘和勘定。

1934年的夏末，梁思成决定去山西考察云冈石窟。同样对中国古建筑研究怀有满腔热忱的林徽因坐不住了。商量后，两人决定一同前往山西，这样，她既可以和梁思成并肩工作，也可以照顾梁思成的生活。她把才三岁的儿子丢给了母亲和仆人，心无旁骛地投入到了前期的准备工作中去。

林徽因拉着梁思成的手，去图书馆查阅地方志，或者查询书籍中关于古建筑的记录，制定考察目标和行程。朱启钤先生与当地政府和军阀打了招呼，以便保证考察人员的人身安全和保护古建筑。他们还准备了考察所必需的测量和攀爬工具、照相机，以及行军床、吊床、罐头等。

梁思成对林徽因说，考察云冈石窟后，他准备去应县看看应县木塔，林徽因知道，他担心木塔是否还在，是否是明清时期的仿建赝品。他告诉林徽因，他曾寄过一封信到应县，他在信封上写着"探投山西应县最高等照相馆"，希望弄到一张应县木塔的相片。令他和林徽因没有想到的是，出发的前一天，他们收到了一封寄自山西省应县白云斋照相馆的信，信封是用牛皮纸做的，打开一看，竟是一张应县木塔的照片！八九百年的木塔居然还这么完好！梁思成的兴奋可想而知，林徽因和他非常高兴，两人兴致勃勃地准备着出发。

初秋时节，天气晴朗，景色优美，林徽因和梁思成及营造学社的刘敦桢、莫宗江四人一同出发赶往大同。

林徽因后来写道："天是透明的蓝，白云更流动得使人可以忘记很多的事，更不用说到那山山水水、小堡垒、村落，反映了夕阳的一角山、一座塔！景物是美得使人心慌心痛。"下了火车，他们却找不到客栈，接待站就是车马店，街道上是随大风飞扬的尘土和垃圾，交通工具只有毛驴，无奈，他们只好返回火车站。后来才在同学李景熙的帮助下，解决了吃住问题。

林徽因和梁思成他们积极投入工作，考察云冈石窟。生活条件的艰苦没能拦住他们的脚步，他们住进了农民给他们借住的没有门窗、屋顶露天、四壁透风的房子里，每餐吃的都是土豆和玉米面糊糊，甚至连咸菜都没有。

林徽因和梁思成等人来到云冈石窟，发现了北魏风格的建筑，他们惊喜得欢呼起来。北魏时期，西域印度佛教艺术逐渐传入我国，云冈石窟是它在中华大地上盛开的一朵奇葩。这一重大发现，使得他们填补了中国建筑史的空白以实物列据。梁思成和林徽因等人立即展开工作，勘查了所有的塔、殿宇、洞口、柱廊等建筑形式；考察了石刻中所见的建筑部分——柱、阑额、斗拱、藻井；还考察了石刻中的飞仙及装饰花纹。

作为作家、诗人的林徽因在考察古建筑时，还不忘感受民间艺术的美，山村的古戏台、农户自家织的土布、式样古拙的长命锁、造型简雅的陶土罐……她将它们买下来，买不到的就拍照。当云冈石窟的考察结束后，林徽因因身体不适和想念家中孩子、母亲，便回到了北平，梁思成等人向应县进发，去考察应县木塔。

回到北平的林徽因经常收到梁思成的信，这让她的心有所安慰。梁思成的第一封信写道："你走后我们大感工作不灵，大家都用愉快的意思回忆和你各处同作的畅顺，悔惜你走得太早。我也因为想到我们和应县木塔的特殊的关系，悔不把你硬留下同去瞻仰……"隔了几日，林徽因又收到梁思成的信："昨晨七时由同（大同）乘汽车出发……到应县时已（晚上）八点。离县二十里已见塔，由夕阳返照中见其闪烁，一直看到它成了剪影，那算是我对于这塔的拜见礼……塔身之大，实在惊人，每面三开间，八面完全同样。我的第一感触，便是可惜你不在此同我享此眼福……"几天后，梁思成又寄来第三封信，详细介绍了木塔的情况："离家已将一月却似更久……这塔真是个独一无二的伟大作品。不见此塔，不知木构的可能性，到了什么程度。我佩服极了，佩服建造这塔的时代，和那时代里不知名的大建筑师、不知名的匠人。"接着，梁思成又寄来第四封信，描述了攀爬木塔实地测量的过程："……若再迟半秒钟，则十天的工作有全部损失的危险。"

林徽因虽然人在家，心却一直关注着梁思成他们的考察情况，同时笔耕不辍。她用诗一般的笔触描述山西之行：

旬日来眼看去的都是图画，日子都是可以歌唱的古事。黑夜中在山场里看河南来到山西的匠人，围住一个大红炉子打铁，火花和锉锵的声响，散到四围黑影里去。微月中步行寻到田垄废庙，划一根"取灯"偷偷照看那瞭望观音的脸，一片平静。几百年来没有动过感情的，在那一闪光底下，倒像挂上一缕笑意……在草丛里读碑碣，在砖堆中间偶然碰到菩萨的一只手一个微笑，都是可以激起一些不平常的感觉来的……由北平城里来的我们，东看看，西走走，夕阳背在背上，真和掉在另一个世界里一样！……

1933年11月，林徽因再次同梁思成、莫宗江去河北正定考察了古建筑群。梁思成曾记载道："留定旬日，得详细检正旧时图稿，并从（重）新测绘当日所割爱而未细量的诸建筑物。"

这就是她和他的研究领地，也是她和他献身的事业。

也许，他们的一生就是为了某一天，能与朝思暮想的古寺庙、古塔抑或一座古桥相会。他们在执着和坚定、淡定和从容中前行。

天将降大任于斯人也。记录那些古老生命的创造与毁灭，就是己任。林徽因和梁思成抱定的信念，就像一面猎猎飘扬的旗帜，迎风招展。

转眼一年过去了，1935年的8月，树木和花草茂盛且青翠。林徽因和梁思成一行人沿着汾州（现汾阳）一条淙淙流过的小溪走下去，在峪道河畔一座古老的石磨坊中安顿下来。

这一次，林徽因和梁思成应费正清、费慰梅的邀请，联合考察古建筑，他们一同去了山西的汾阳、洪洞等地。

费正清，是梁思成为在牛津大学攻读东亚研究博士的同学约翰·金·费尔班克取的中国名字，他于1932年年初来到中国，一边学习汉语，一边师从清华大学教授蒋廷黻，研究清朝政府与西方各国的外交历史，后来成为美国的"头号中国通"。费慰梅也是梁思成为她取的中国名字，她的原名为威尔玛·丹奴·凯诺，独自一人来北京与约翰·金·费尔班克结婚。

磨坊的简陋，没有阻止他们的前行；院中的方形天井为他们储存了清澈的饮水；掺有磨盘沙子的面条是他们最有营养的补给。

梁思成背靠在山泉边的杨树旁，写着他的感受。那斑驳的树荫、汩汩的流水和磨坊的厚石墙给了他炎热的夏天少有的凉爽。

梁思成夫妇和费正清夫妇四人一起考察了黄土高坡上的窑洞。林徽因万分感慨造物主给予历史遗物的惯有的安详神态，就像时光老人缓慢的动作，把一寸寸的光阴，留在了逝去的时空里。梁思成研究发现，黄土地是中国西北部许多地方所特有的景观，它是由不知多少个世纪中从戈壁沙漠刮过来的尘埃形成的。那同样的粒子紧紧地堆积在一起，成为考古发掘中易于加工的介质，它的最大优点是，当峡谷两边的悬崖由山上泻下来的激流切割开时，它会形成直上直下的断面，而不是滑下来成为斜坡，顶上是平的。聪明的当地人在陡峭的黄土悬崖上面挖成圆筒拱顶的房间，由几个这样的房间组成房屋，用砖砌了边，形成村庄，农民们上到顶层去播种庄稼。

林徽因跟着丈夫考察，走进山西，看河水流进河床，故事走进深景，历史走进亘古。她孱弱而美丽的身影是梁思成极大的安慰，何况，林徽因担负着考察的重任，她负责起草这次野外考察的报告。她的智慧和才华，就像潺潺的河流一样。她在报告里，首先讲了一个动人的故事，在干旱的山西中部，有一个神话："自从宋太宗的骏骑蹄下踢出甘泉，救了干渴的三军，这泉水便没有停流过，千年来为沿溪数十家磨坊供给原动力……"

林徽因真的就是那灵动的飞檐，她精心地装饰着梁思成宏大的框架和基础，借助一片瓦、一块青砖抑或飞檐上的一个风铃，放飞自己的梦。

梁思成和林徽因从来都是用爱来诉说他们的志同道合，只是用他们共同研究的成果来诉说他们独特的爱情。

这是一次令梁思成终生难忘的同行，爱情、友情，细腻丰饶。

林徽因、梁思成他们四个人每天三顿饭都在一起吃，沉默寡言的梁思成在饭桌上可是口若悬河，欢闹声喧中，他的幽默让人忘掉了疲劳。

山西峡谷的每一个神奇的昼夜，阳光和月光交替漫过磨坊的窗棂，洒向林徽因和梁思成。久已尘封的历史向他们招手，她和他专心致志地研究当地的建筑，找寻古建筑物，或者翻阅梁思成带来的历史、地理书籍。

这次考察，梁思成从磨坊出发，往北，经赵城，考察了八个县。梁思成、林徽因、费正清、费慰梅四个人高兴地行走在山西大地上，或骑毛驴，或徒步，或租传教士的汽车，在荒野上缤纷的色彩中把自己展开，就如同一个个精致的中国古瓷器，盛满了古建筑的絮语和一路的艰辛奔波。

梁思成手中的相机，记录着他们发现的每一处古建筑；费正清和费慰梅手中的尺子，丈量着古建筑的尺寸；林徽因从寺庙的石刻上抄录重要的碑文。

磨坊附近，一些寺庙的发现过程很有趣。林徽因曾撰文道："龙天庙有一条南北向的长轴，以门楼为其南端。这种格局各个寺庙都差不多。但我们在走过门楼里的圆拱后回头望去，就看见在拱顶之上有一个露天戏台向里朝向天井。"她还写道，"山西中部南部我们所见的庙宇多附属戏楼。在平面布置上设有向外伸出的舞台。楼下部实心基坛，上部三面墙壁，一面开敞，向着正殿，即为戏台。台正中有山柱一列，预备挂上帷幕可分前后台。楼左阙门，有石级十余可上下。在龙天庙里，这座戏楼正堵截山门入口处成一大照壁。"

看了这两段描写，我们仿佛看到了中国戏剧班子在古老的寺庙舞台演出的情景。沉淀在记忆中的场景，已被历史记住，并以另一种方式呈现，这让林徽因和梁思成他们感动。

这年的秋天，林徽因和梁思成应浙江省建设厅的邀请，到杭州商讨六和塔的重建计划；之后又去浙南武义宣平镇和金华天宇寺做古建筑研究考察；他们还一起去了河南洛阳的龙门石窟、开封，以及山东的历城、章丘、泰安、济宁等地，研究了各个朝代古建筑的特点和结构。

1933 年 10 月，林徽因发表了散文《闲谈关于古建筑的一点消息》；

1934年1月,她为梁思成的著述《清式营造则例》撰写了《绪论》;同年,她还撰写了诗歌《年关》《你是人间的四月天》与小说《九十九度》;1935年年初,林徽因与梁思成合著《晋汾古建筑预查纪略》,然后,连续发表了短篇小说《模影零篇——钟绿》《模影零篇——吉公》、诗歌《灵感》《城楼上》、散文《吊玮德》《纪念志摩去世四周年》等。

林徽因一边研究中国建筑,一边发表文学作品。她对风景抒情,对古建筑研究做严谨的记载。科学和文学给她插上了飞翔的翅膀。

留下辉煌一页

作为肺结核患者,作为母亲,林徽因本来应该在家相夫教子,可她却为了填补中国建筑史的空白,扔下幼小的孩子和年迈的母亲,拖着虚弱的病体,跋山涉水,在极其艰苦的环境下,陪着颈椎戴着钢架的丈夫梁思成,追寻各个朝代的古建筑。

往事如烟,历史退隐。林徽因和梁思成发誓,一定要让中国建筑的历史重见天日。他们在坚持中,看到了一些前行者的背影。

1934年的夏天,林徽因和梁思成赶到山西中部,和费正清、费慰梅相聚,准备联合考察古建筑。他们一致认定山西一定有年代更久远的古建筑,屹立在历史的深处,那是最具天地之美的东方意象,是时光沉淀下来的宝贵财富。

林徽因挽着丈夫梁思成的胳膊,和费正清、费慰梅一起走在追寻更远大的目标的路上。当他们如愿以偿地在山西汾水下游的赵城附近发现了广胜寺时,当一本宋版藏经(**现存的最早的出版物**)摆在梁思成面前时,时间被浓缩了,历史清晰地展现在他们眼前。可想而知,出版物是宋代的,那么寺院本身就可能是宋代的。四个人欢呼起来,激动的心情,像烈火在燃烧。

林徽因和梁思成欣喜若狂。这一发现，震惊了建筑学界。

然而这一路的追寻，却历尽了艰难。

梁思成租的车辆，在偏僻的峡谷里迷路了，内战之火也在熊熊燃烧。蒋介石的南京政府军正欲北上入晋。阎锡山为了消除威胁，阻止蒋介石军队的车辆进入，将铁轨铺在唯一通道汾水东岸的公路上，给林徽因和梁思成他们的勘查造成了极大的危险和困难。

有人劝梁思成和林徽因他们推迟去赵城的时间，但他们一行四人坚决不肯停下疾行的脚步。

那行走的艰难，是常人难以想象的。

兵燹战乱阻止不了林徽因和梁思成他们的脚步。可老天似乎也在为难他们，滂沱的暴雨下着，黄土路变成了烂泥塘。太阳落山了，他们才走了十几里，还没有到河边。他们只好把携带的东西拿下车，住进路边的寺庙，在天井的走廊里支起帆布床。好奇的农民被寺院的围墙挡在外面，但他们却爬上墙，像围观稀奇物品一样地看着他们，但梁思成他们已经累得无暇顾及这些了。

第二天的行走同样充满了艰辛，驴车缓慢，渡河后一天只走了十五里路。阎锡山铺在公路上的窄轨铁路，歪歪扭扭，高低不平。梁思成他们的驴车，只好从铁轨旁边的沟里的一条狭窄的通道穿行。

终于到了目的地，梁思成他们四人立即考察了这座城市。寺庙令人失望，街道和房屋却给了他们意大利中部城市的印象。狭窄的街道上排满了带有雉堞的高墙，而巨大的拱门则是十字路口。通过敞开的门道，梁思成看到一些两层的居住庭院，听说这些深宅大院曾是19世纪山西家庭钱庄的老窝，曾避免了在重兵保卫下运送银锭的麻烦，是新的金融阶级兴起的见证。

继续行走，困难重重，他们常常遇上阎锡山的部队，交通工具改为人力车，因为它可以通过狭窄小路，人却只能徒步了。夜里找不到歇脚的地方，寺院已住满工人、士兵，旅馆糟透了。梁思成他们只能拖着疲惫的身躯向前走，到了常家庄，筋疲力尽的他们在绝望中找到一座门楼，刚想把行李搬进去，那里的士兵却同他们吵了起来。最后，一名少校答应给他们一间屋子。那一晚，梁思成他们睡在高围墙的宅第中一间精致的楼上房间里。北窗口外是一座内花园，它的门朝南通向一座阳台，梁思成不顾疲劳，俯视研究着天井里的雕梁画栋。

第二天的行走更加困难，路上的土坑变成了无底的泥浆洞，而为铁路的弯道进行的爆炸产生的垃圾堵塞了道路。一辆人力车损坏了一只轮子，行进的速度就像爬行的蜗牛，而目的地霍州仍遥不可及。

艰难的行进路上，林徽因看见小孩手中飘忽着的灯笼，橘黄色的光，忽隐忽现。令他们惊喜的是，城门大开，他们找到目的地，终于能躺在帆布床上休息一晚了。

深夜，一切归于宁静和深邃。

林徽因忍受着身体的不适，躺倒在床上，闭上了眼睛，梁思成也忍着颈椎的疼痛，起身给患肺病的林徽因盖了盖被子，他在心里给林徽因打气，希望她能坚持下去，他们一起进行这意义非凡的勘查。

当风和煦地吹来，在泥泞的雨中跋涉了五十里之后的林徽因和梁思成，经过一夜的休息后，又精神抖擞地开始了不屈不挠的跋涉。他们在霍州发现了一些重要的寺庙，其中有元代的。可惜被士兵们占住着，勘查被迫停止。

去赵城寻梦的路，迷茫又迷茫，梁思成在当地的报纸上看到了赵城城里有一座唐代的庙宇。当他们赶到时已是傍晚，梁思成进了城门就直奔那儿。他的希望破灭了。那是一座比唐代要晚得多的建筑，考察它毫无意义。

落日的时候，梁思成夫妇和费正清夫妇终于看见远山顶上那个叫广胜寺的宝塔。

在离霍山山脉南端的上下广胜寺的所在地还有二十五里时，梁思成他们终于离开了河道，把士兵们甩在了后边。

在山脚下，梁思成大步走进了广胜寺下寺。落日的余晖中，它光彩、精美的设计以及众多的斗拱闪着熠熠的光辉，塔顶覆盖的琉璃瓦仿佛橙黄的焰火。他们终于找到了建筑学上的瑰宝，这是对他们连日来辛苦的最高奖赏。

那个疲惫的夏夜，梁氏夫妇在大殿里支起了帆布床，睡在大佛的荫庇下。那盏如豆的青灯被清风吹拂得摇摇曳曳，他们平躺着，眼睛观察着屋顶的每一个细节，细听它们诉说曾经的辉煌和逐渐的荒凉。

林徽因和梁思成终于摈弃冥想，在睡梦中倾听古代工匠讲述的高超的建筑工艺。翻阅往昔是件多么美好的事情，所经历的一切艰辛都是值得的。

黑暗中，林徽因感到丈夫梁思成的泪水不知不觉地流了出来，她伸出手，拭去他眼角的泪。

梁思成夫妇和费正清夫妇对广胜寺进行了认真的勘查，他们看到了中国的风水说，给这座美丽的古庙选了一个多么合适的地点。在北面后山，山坡挡住了凛冽的寒风。在山下，就在大门外，地下的泉水喷涌出来，汇成清澈的水池。和下寺并排，俯视着水池的是龙王庙。

梁思成敬佩先人运用高超的智慧和技术，建造了这么出色的景观。他走进龙王庙，发现有两层屋檐，建在一处高平台上，由下层的檐子下延续的游廊围绕着。龙王庙里面，龙王端坐在王位上，威严地管理着他的疆域。随即，梁思成和林徽因被周围墙上的壁画所吸引。奇怪的是，壁画没有宗教内容，表现的是世俗的主题，其中竟然有戏剧的脸谱。它的注文中指明的日期是元代的1326年，也就是中国戏剧最后成形的时候。它的研究价值是显而易见的。

梁思成根据1933年在广胜寺发现的公元1149年的佛经，得出结论：广胜上下寺院都是建于14世纪，或元末明初。

梁思成掩饰不住自己对于设计了这种支撑屋顶的梁架结构的14世纪"建筑师"的欣赏，因为他在别处还从来没有见过这种有机地使用木结构的。负责起草报告的林徽因写道："前殿五间，殿顶悬山造……前殿除当心间南面外，只有柱头铺作，而没有补间铺作。斗拱……与梁头相交……在平面上……用极大的内额，由内平柱直跨至山柱上……可以说是一根极大的昂。"

沉淀在历史中散碎的场景，在学者林徽因和梁思成那里得到了恰当的确认。

林徽因率先爬上通向上寺的陡坡，梁思成紧随其后，在梁后面的是费正清夫妇。他们经过两座大门洞来到了天井当中的高塔。这种古怪的放置法是唐代佛教建筑所特有的。后世的建筑一般在这种天井当中有两座塔，在寺庙的中轴线两边各有一座。这一发现，让疲惫的他们兴奋起来。

广胜寺的八角宝塔有十三层高，全部覆盖着熠熠闪光的彩色琉璃瓦，在太阳光下灿烂辉煌。梁思成去察看那安放在顶层的大佛，林徽因和费正清、费慰梅也执意跟随，那是多么惊心动魄的冒险啊！阶梯陡得几乎立了起来，唯一的亮光是来自每一层在厚厚的外墙上开的一个朝向太阳、大约有三尺高和两尺宽的一个小口子。他们排成单行摸索着向上爬，走完第一段阶梯，才惊奇地发现那里竟然没有歇脚的平台。每走完一段阶梯，头都会撞上一块板子。梁思成小心地跨过悬空的缺口，稳稳地站到另一段阶梯上，林徽因灵活得多，她在寻找扶手的当口喘息着，还调皮地隔一会儿就从那墙上的小口子爬出去观赏这高处的奇景。他们的考察并没有弄清到底是谁在何时设计了大佛的内部，却弄明白了明代的1515年塔身覆盖了琉璃瓦。

没有比大殿的壁画被僧人卖给日本文物贩子更令梁思成和林徽因气愤的了，他们仿佛听到了艺术珍宝隐在千百年的大殿深处的哭声。林徽因和梁思成的怜惜，聚集在千年后的目光里，忍着眼泪，责问是谁造成古建筑的伤痕累累。如有前生，他们必定与其厮守，一生一世不离不弃，给它保护和依靠，让它完整如初。

不管世事如何变化，林徽因和梁思成都读懂了广胜寺的虔诚期盼和出尘离世的情思。

第九章 | 卓尔不群的风姿

如果说，建筑事业是林徽因对使命的坚守，那么，文学就是来自她心灵深处的歌唱。林徽因在世人面前，扮演着强大的母亲、温柔的妻子、严厉的老师、浪漫的女友、勤奋的学者、犀利的沙龙女主人等多重角色。她的卓尔不群让我们看到，一个大写的女人，清清爽爽地从历史深处走来。

一首《你是人间的四月天》展现了林徽因宁静的幸福和温情，闪烁着母爱的光辉。

林徽因敢于吃苦，她拖着虚弱的病体，跋山涉水，走在大山和荒郊野外，生命在探索古建筑中绽放着精彩。

对建筑事业的坚守，让林徽因理性而睿智。诗人敏感的神经，让一首首诗歌从她的笔端流出，化为清丽无双的心灵独语，使她诗意地行走于世间。

客厅里的妙语如珠

20世纪30年代的北平,有一个最富有吸引力的公共空间——林徽因的"太太沙龙"。

在东城北总布胡同的梁思成家的客厅里,常常名流荟萃,聚集了一大批对文学、艺术和学术感兴趣的文人、学者,其"太太的客厅"也成为现代文学史的经典记忆。常常来梁家沙龙的有学者金岳霖、钱端升、张熙若、陈岱孙等人,著名作家沈从文也是常来常往,还有萧乾、卞之琳这样慕名而来的在校大学生。实际上,林徽因的"太太沙龙"是一个知识贵族的公共空间。有人说,林徽因的"太太的客厅",是中国式的文人结社的现代延续,是近代欧洲启蒙运动时期的沙龙等公共空间的"东方版本"。

梁思成的女儿梁再冰回忆起"太太的客厅"的热闹温馨,觉得那儿就像一池清亮亮的湖水，荡漾着一群年轻的学者涟漪一样的思想波澜。她说：

> 这时我家住在东城北总布胡同三号，这也是我记忆中的第一个家。这是一个租来的两进小四合院，两个院子之间有廊子，正中有一个"垂花门"，院中有高大的马缨花和散发着幽香的丁香树。父亲和母亲都非常喜欢这个房子。他们有很多好朋友，每到周末，许多伯伯和阿姨来我家聚会。这些伯伯大都是清华和北大的教授，曾留学欧美，回国后，分别成为自己学科的带头人，各自在不同的学术领域中做着开拓性和奠基性的工作，例如：张奚若和钱端升伯伯在政治学方面，金岳霖伯伯在逻辑学方面，陈岱孙伯伯在经济学方面，周培源伯伯在物理学方面……在他们的朋友中也有文艺界人士，如作家沈从文伯伯等。这些知识分子研究和创作的领域虽不相同，但研究和创作的严肃态度和进取精神相似，爱国精神和民族自豪感也相似，因此彼此之间有很多共同语言。由于各自处于不同的文化领域，涉及的面和层次比较广、深，思想的融会交流有利于共同的视野开阔，真诚的友谊更带来了精神力量。我当时不懂大人们谈话的内容，但可以感受到他们聚会时的友谊和愉快。

林徽因在她的太太沙龙里，弹拨了美与智慧的绝响，恰似藤萝肆意地生长。

林徽因是沙龙中当仁不让的绝对主角，她是沙龙的主持者，也是沙龙的灵魂和倾听者，是交往网络的核心。

费慰梅这样回忆她自己的亲身感受：

> 每个老朋友都会记得，徽因是怎样滔滔不绝地垄断了整个谈话。

她的健谈是人所共知的，然而使人叹服的是她也同样擅长写作。她的谈话和她的著作一样充满了创造性。话题从诙谐的逸事到敏锐的分析，从明智的忠告到突发的愤怒，从发狂的热情到深刻的蔑视，几乎无所不包。她总是聚会的中心人物，当她侃侃而谈的时候，爱慕者总是为她那天马行空般的灵感中所迸发出的精辟警语而倾倒。

一到星期六的下午3时，北京的学者、作家等知识界精英就会不约而同地来到林徽因家的客厅，大家坐在一起谈天说地，不是因为林徽因的美貌，而是因为她的丰富学识、智慧与洞察力、明丽而坚实的"精神魅力"。大家聚到一起，讨论国家社稷，抒发着对黎民百姓的人文关怀，但更多的是对纯粹的文学、艺术、学术的探求与对话。

林徽因在太太客厅里，笑对群儒，常常舌绽春雷。她谈吐自如，娓娓道来，就像美妙的音乐一样，飘进耳朵，感动心灵，令人心驰神往。她的谈吐自有较高的境界，舌战群儒的场景常常出现，才子们常常被她的言辞，其实更准确地说，是被她的智慧所征服，成就了她美与智慧的绝响。

她十几岁的时候，谈吐和悟性就已经超越了她的年龄该有的水平，她的父亲和徐志摩都被她过人的聪慧所吸引。

据萧乾回忆，当年在沙龙时，林徽因很健谈，有学识，有见地，语言犀利，反应敏捷，就连梁思成和金岳霖也只是坐在沙发上吧嗒着烟斗，连连点头称是。倘若把她那些充满机智、饶有风趣的话一一记载下来，那该是多么精彩的一部书啊！

有这样一场激烈的争论，在一次沙龙聚会上，梁宗岱朗诵了由他翻译的瓦雷里的《水仙辞》，林徽因听后评价不高，梁宗岱据理力争，林徽因毫不让步，坚持用她对诗歌的意境及表达形式的独特见解去阐述观点。她说："恰恰是你错了。我们所争论的不是后期象征主义的艺术特点，而是这一首诗，一千个读者，可以有一千个哈姆雷特。我觉得，道义上的一些格言，真理的一些教训，都不可被介绍到诗里，因为它们可以用不同的方法，服务于作品的一般目的。但是，真正的诗人，要经常设法冲淡它们，使它们服从于诗的气氛和诗的真正要素——美。"争论到最后，林徽因说："每个诗人都可以从日出日落受到启发，那是心灵的一种颤动。梁诗人说过，'诗人要到自然中去，到爱人的怀抱里去，到你自己的灵魂里去，如果你觉得有三头六臂，就一起去'。只是别去钻'象征'的牛角尖儿。"

林徽因的幽默，随机化解了争论后的尴尬，梁宗岱心服口服地笑了，剑拔弩张的气氛随之改变，大家也都佩服谈吐优雅的林徽因。

林徽因总能把丰富而广博的知识与她风趣的个性完美地融合到一起，为众人所关注。梁思成总是静静地坐在沙发的一角，轻轻啜口茶，歪着头看着林徽因滔滔不绝地发表见解，欣赏着她的魅力。他仔细地倾听她的精辟警语，端详着她神采飞扬的样子，看着她开天下风气之先河，成为众星捧月之人。那是他最幸福的时候。就是这样一个"老婆是自己的好，文章是老婆的好"的学者，把脸隐在暗处，把这样宽大的思想交流场地，作为老婆展示自己的舞台。他自己则融于三五好友中，坐在沙发上高谈阔论，谈天说地，或者说个笑话，发点牢骚，这是当时文化界的一道亮丽的风景线。

无疑，太太客厅点燃了学者们心里的那团火。

卞之琳在《窗子内外——忆林徽因》中慨言："她天生是诗人气质，酷爱戏剧，也专学过舞台设计，却是她的丈夫建筑学和中国建筑史名家梁思成的同行，表面上不过主要是后者的得力协作者，实际却是他灵感的源泉。"

沈从文眼里的林徽因是"绝顶聪明的小姐"；晚一代的萧离则称林徽因是"聪慧绝伦的艺术家"。费正清晚年回忆林徽因时就曾说："她是具有创造才华的作家、诗人，是一个具有丰富的审美能力和广博智力活动兴趣的妇女，而且她交际起来又洋溢着迷人的魅力。在这个家，或者她所在的任何场合，所有在场的人总是全都围绕着她转。"这一点也可以从林徽因在文学沙龙上的高谈阔论得到印证。

一个客厅，让学者们的空间开阔了，思维活跃了，语言丰满了，距离转换了。林徽因和梁思成在迎来送往中，给梦想和爱情插上了翅膀。

沙龙里，林徽因和梁思成常常朗诵中国的古典诗词，那抑扬顿挫、有板有眼的腔调，如同一声亘古如斯的天籁，直听得客人入了迷。而且，他们还能将中国的诗词同英国诗人济慈、丁尼生或者美国诗人维切尔·林赛的作品进行比较。

至此，来沙龙的学者，虽然坐在那温暖的房子里，但实际上，他们的灵魂早已乘着飞翔的翅膀，穿越时空，飞向了遥远的地方。

沙龙文化是舶来品，是林徽因从法国引进的，当时的旧中国绝无仅有。

或许，林徽因看中的就是那一份温馨的友谊。他们从来不缺朋友，走到哪里，哪里就是学者沙龙，即使是烽火连天的抗日战争时期，他们一家从天津出发到达烟台，历经波折到了长沙、昆明、成都、李庄、重庆、武汉，但他们仍然时不时地同朋友相聚在一起。

林徽因的沙龙缭绕着烟雾，她正滔滔不绝地说着她的见解。她是中国的文艺复兴时期脱颖而出的一位多才多艺的人，她在建筑学方面的成绩已然突出，却在诗歌、小说、散文、戏剧等方面，也颇有建树，真是难得之大材！

窗外的池塘里，那朵白莲粲然一笑，光彩照人。

你是人间的四月天

1934年4月5日，林徽因创作的诗歌《你是人间的四月天》，发表在《学文》杂志第1卷1期上，这首诗歌全文如下：

你是人间的四月天
——一句爱的赞颂

我说你是人间的四月天;
笑响点亮了四面风;轻灵
在春的光艳中交舞着变。

你是四月早天里的云烟,
黄昏吹着风的软,星子在
无意中闪,细雨点洒在花前。

那轻,那娉婷,你是,鲜妍
百花的冠冕你戴着,你是
天真,庄严,你是夜夜的月圆。

雪化后那片鹅黄,你像;新鲜
初放芽的绿,你是;柔嫩喜悦
水光浮动着你梦期待中白莲。

你是一树一树的花开,是燕
在梁间呢喃,——你是爱,是暖,
是希望,你是人间的四月天!

  林徽因的这首诗,意境优美、内容纯净、形式纯熟、语言华美。那重重叠叠的比喻,让意象美丽,丝毫无雕饰之嫌,意境的纯净和华美,让诗歌清新自然，感情真挚。

林徽因诗如其人，就像四月天刚刚萌发的春意，既不华丽，也不冷峻，但却温柔绵软，读来如微风拂面，让人从身体到心灵感受到一种愉悦的震颤！

有许多八卦之人认为林徽因这首诗是写给徐志摩的，其实不然，这是林徽因写给自己的儿子梁从诫的，用来表达她对孩子无比的喜爱之情，以及从孩子身上看到的生命的希望和活力。

1932年8月，林徽因与梁思成的儿子梁从诫出生，正值两人考察了北京附近各处的古建筑，并共同撰写了论文，为了向《营造法式》的作者宋代建筑大师李诫致意，因此给儿子取名梁从诫，意为希望儿子继承父母的志向，追随李诫，成为一代建筑大师。在中华人民共和国成立之初，梁思成和林徽因牵头设计了国徽和人民英雄纪念碑，十七岁的梁从诫也积极参与国旗图案的应征，并在全国应征的2992份方案中，成为最终候选的38个方案之一。

儿子梁从诫带给林徽因的喜悦，蔓延至生活的各个角落，对孩子的至爱，让她身为母亲的情感炽热，她自己也用文字记录了她对儿子的爱。1938年，林徽因在给费慰梅的信中，谈到她的两个孩子，说："宝宝（梁再冰）常常带着一副女孩子的娴静的笑，长得越来越漂亮，而小弟（梁从诫）是结实而又调皮，长着一对睁得大大的眼睛，他正好是我所期望的男孩子。他真是一个艺术家，能精心地画出一些飞机、高射炮、战车和其他许许多多的军事发明。"可见，她对儿子的爱是多么真挚！

更让林徽因安慰的是，梁思成终于事业有成。

1934年1月，中国营造社出版了梁思成的《清式营造则例》。这本书详尽地叙述了清代宫式建筑的平面布局、斗拱形制、大木构架、台基墙壁、屋顶、装修、彩画等的做法及其构件名称、权衡和功用，配以二十八幅现代工程绘图、八十三幅实物照片，是梁思成自1928年回国以来经过五六年在各处艰苦的考察和文献搜集著作而成。许多古建筑考察，林徽因是参与的，并且她还撰文、修改、校对，做了大量的工作，这本书的准备过程，她是当仁不让的主角。这期间，她与梁思成结婚并生有一子一女，事业的成功、家庭的完整，让她的幸福指数一点一点地提升。

林徽因抚摩着散发着墨香的《清式营造则例》，往事历历在目。当年，父亲梁启超去世，身怀六甲的她和梁思成一起为他设计墓碑；梁思成和她于沈阳、北京两地奔波；疾病缠身的她跋山涉水寻找古建筑；两次香山疗养、儿子的出生、诗歌创作的畅快等等，如何倾诉自己的艰辛与幸福？恰好，1933年，朱光潜、梁宗岱举办文化沙龙，林徽因经常去参加，朗诵中外诗歌和散文，并与闻一多、余上沅、杨振声、叶公超等筹备创办《学文》。在这样的文学氛围下，林徽因的诗兴大发，她的幸福感终于找到了喷发的出口，因此诞生了《你是人间的四月天》这首诗歌。

《你是人间的四月天》发表的时候，梁从诫才一岁多。林徽因看着自己粉嫩的儿子，"轻灵/在春的光艳中交舞着变"。仿佛那"雪化后那片鹅黄，你像；新鲜/初放芽的绿，你是；柔嫩喜悦/水光浮动着你梦期待中白莲"。表现了一个人女人对孩子的浓烈而含蓄的喜爱和生活的幸福。

梁从诫先生晚年在《倏忽人间四月天——回忆我的母亲林徽因》一文中说："父亲曾告诉我，《你是人间的四月天》是母亲在我出生后的喜悦中为我而作的，但母亲自己从未对我说起这件事。"

正因为林徽因没有说出来，才被一些人猜测这首诗是写给徐志摩的情诗。梁从诫在《倏忽人间四月天——回忆我的母亲林徽因》中曾说过这样的话：

> 在我和姐姐长大后，母亲曾经断断续续地同我们讲过他们的往事……当徐志摩以西方式诗人的热情突然对母亲表示倾心的时候，母亲无论在精神上、思想上，还是生活体验上，都处在与他完全不能对等的地位上，因此也就不可能产生相应的感情。母亲后来说过，

那时，像她这么一个在旧伦理教育熏陶下长大的姑娘，竟会像有人传说的那样去同一个比自己大八九岁的已婚男子谈恋爱，简直是不可思议的事。

同样，梁思成对费慰梅说的话也未必是替妻子避讳。他说，不管徐志摩向林徽因求婚这段插曲造成过什么其他困扰，但这些年徽因和她伤心透顶的母亲住在一起，使她想起离婚就恼火。在这起离婚事件中，一个失去爱情的妻子被抛弃，而她自己却要去代替她的位置。

林徽因本人在抗战期间给沈从文的信中这样回忆伦敦岁月：

……差不多二十年前，我独自坐在一间顶大的书房里看雨，那是英国的不断的雨。我爸爸到瑞士国联开会去，我能在楼上嗅到顶下层楼下厨房里炸牛腰子同洋咸肉，到晚上又是在顶大的饭厅里(**点着一盏顶暗的灯**)独自坐着，垂着两条不着地的腿同刚刚垂肩的发辫，一个人吃饭一面咬着手指头哭——闷到实在不能不哭！理想的我老希望着生活有点浪漫的发生，或是有个人叩下门走进来坐在我对面同我谈话，或是同我同坐在楼上炉边给我讲故事，最要紧的还是有个人要来爱我。我做着所有女孩做的梦。而实际上却只是天天落雨又落雨，我从不认识一个男朋友，从没有一个浪漫的人走来同我玩——实际生活所认识的人从没有一个像我所想象的浪漫人物，却还加上一大堆人事上的纷纠。

这大概是仅存的林徽因对她旅居伦敦生活的记述。十六岁的女孩热切地期盼爱情，之所以期盼，是因为爱情还没有发生，她"从不认识一个男朋友"（可作有情人解），包括经常登门经常来信的徐志摩在内，"从没有一个像我所想象的浪漫人物",也包括徐志摩。这话把排除与徐恋情说得再明白不过。

徐志摩坠机而亡,林徽因回顾与徐的十来年过往,在致胡适的信中做了个小结:"这几天思念他得很,但是他如果活着,恐怕我待他仍不能改的。事实上太不可能。也许那就是我不够爱他的缘故,也就是我爱我现在的家在一切之上的确证。志摩也承认过这话。"

时光流逝,转眼当年粉嫩的婴孩梁从诫已于2010年以七十八岁的高龄逝世。之前,他已患阿尔茨海默病多年,许多事情已经记不得了。在2009年,一位年轻的学者曾拜访梁从诫先生,无论怎么问,他都木讷与沉默。年轻的学者聪明地给他朗诵了《你是人间的四月天》,老人安静地听着,脸上渐渐地露出微笑,仿佛沉醉其中。当他听到年轻学者说:"您还记得这首诗吗?"他沉默许久,突然用手指着挂在墙上的林徽因的画像说:"我记得这首诗,这是我母亲写给我的。"年轻学者写道:"在画像中林徽因温柔的目光的注视下,梁先生纯真得像个孩子,眼中包含着对母亲的眷念。"

母子之情,就像拧了多年的藤,难以解开。

那是美好的人间四月天,给予生命的香甜。

生命在探究古建筑中精彩

深深浅浅的脚印,留在祖国的山河大地上,盛满了林徽因和梁思成对古建筑的热爱。他们的研究一刻都没有停止过,一年一次或几次的古建筑勘查,让他们一步一个脚印,岁岁如歌。

1936年初夏,梁思成再次发起古建筑考察。这一次考察队的成员包括梁思成、林徽因、刘敦桢以及他们的学生陈明达和赵正之,他们都是致力于中国古建筑史研究的青年才俊,将对龙门石窟进行全面考察。为了让考察顺利进行，他们做了详细的分工。梁思成和陈明达负责摄影，刘敦桢负责洞窟编号和记录建筑特征，林徽因负责考察佛像雕饰，赵正之负责抄铭刻年代。

龙门石窟位于中国中部河南省洛阳市南郊12.5公里处，龙门峡谷东西两崖的峭壁间。因为这里东、西两山对峙，伊水从中流过，看上去宛若门厥，所以又被称为"伊厥"，唐代以后，多称其为"龙门"。这里地处交通要冲，山清水秀，气候宜人，是文人墨客的观游胜地。又因为龙门石窟所在的岩体石质优良，宜于雕刻，所以古人选择在此处开凿石窟。"龙门山色"为洛阳八景之首。

唐代大诗人白居易曾说："洛都四郊，山水之胜，龙门首焉。"

根据《魏书》记载，龙门石窟开凿于云冈石窟之后，于山水相依的峭壁间。它始凿于北魏孝文帝由平城（今山西大同市）迁都洛阳前后。此后，在东魏与西魏、北齐与北周、隋、唐、五代、北宋、明都有修复和续作，其中以北魏和唐代的开凿活动规模最大，长达一百五十年之久。在龙门的所有洞窟中，北魏洞窟约占30%，唐代占60%，其他朝代仅占10%左右。

这次对龙门石窟的考察，林徽因的心，早就向往之，她雀跃如风中摇曳的莲。她是第一个进入龙门石窟的，环视后，她被石窟那博大雄浑的气势深深地震撼了。这座始凿于北魏太和年间的洞窟，经过多个朝代的雕造，已蔚为壮观，唐贞观以后，龙门又逐渐成为贵族、皇室造像活动的中心。两山窟龛层层密布，全山造像多达十余万尊，与敦煌莫高窟、大同云冈石窟并称为我国的三大石窟。驻足龙门山下，骋目四望，一座座洞窟掩映在山树之间，石头的韵律在这里形成了一派浑然的交响。

林徽因和梁思成互相搀扶着顺着石径攀爬，路崎岖坎坷，长满滑腻的青苔，径上灌莽丛生，羁绊着他们的脚步，真是一步一艰难，一座山还没有爬到一半，他们就已筋疲力尽了。

林徽因打了一把遮阳的桐油布、紫竹柄的湖州雨伞，却派不上用场，只好把它当作拐杖。进洞窟考察时，迎面飞来的山蝙蝠横冲直撞，她再次打起雨伞，抵挡横飞的蝙蝠和雨点一样落下的粪便。她头上扎了一块羊肚子毛巾，看上去像个赶路的农妇，陈明达、赵正之瞧着她的装束很吃惊，戏说林师母太像地道的河南小媳妇了。林徽因却笑不出来，眼前的龙门石窟大部分开凿在寒武、奥陶纪石灰岩上，窟区内喀斯特溶洞及岩石中的构造裂缝上，长满了荆棘、侧柏之类的植物，庞大的根系让一块块石头松动开裂，因此常有岩体崩落的现象。洞窟内常年渗水，阴暗潮湿，不少雕像已被剥蚀得面目全非。一些洞口被茂密的茅草和丛生的荆棘遮掩，人要进洞去，就得先把这些挡路的草莽费力地拨开，往往会有一两条肉滚滚的花蛇从灌木丛中出来，惊得林徽因立刻起一身鸡皮疙瘩，两个学生不得不先"打草惊蛇"。

进了古阳洞，洞窟的美让林徽因的心情好了起来，这座最早开凿而又规模最大的洞窟，进深有十三四米，高有十几米。林徽因被这座大洞窟的艺术建构迷住了。这座洞窟完全利用天然石洞修凿而成，窟平面近似马蹄形，主佛两壁是排列有序的开凿的佛龛，在两个佛龛之间及上方又加凿无数小龛，佛像近千座，整个窟内壁面琳琅满目，富丽堂皇。她着迷地把画板架在膝盖上，临摹着、赞美着石头的奇迹。

林徽因感到了南朝的画风，恰似顾恺之的画。她说："我觉得龙门石窟造像所体现出的这种艺术风格，和北魏孝文帝所推行的汉化改革的政治主张有关，北魏迁都洛阳后，中原汉族'褒衣博带'式服饰，风行北方，南朝的思想和艺术传入北方，给佛教艺术的发展造成了新的条件，你看这些佛像所表现的'秀骨清像'式的瘦削形体，衣带宽大的'褒衣博带'式的服饰，雍容安详，表情温和，潇洒飘逸，完全代替了北魏前期面相丰圆、肢体肥壮、神态温静的风格，这种造像艺术风格和服饰的变化，显然是孝文帝实行汉化政策、借鉴东晋南朝和中原汉文化的结果。"大家再看石窟里的造像，果然风格朗然，不禁感叹。

梁思成和陈明达的照相机不停地闪动着快门，大家的本子上密密麻麻地记满了考察资料。整整四天的考察，他们不停地拨开杂草，克服了重重困难，踏遍了龙门石窟的群落。

对林徽因和梁思成来说，对古建筑的研究，永无止境。从龙门石窟考察回来后，他们又精心安排了新的考察——中国古塔研究勘查。

考察的第一个古塔是开封佑国寺铁塔。这座被称为"天下第一塔"的古塔，建于北宋皇祐元年，琉璃砖结构，高近六十米，共十三层，呈平面八角，外壁镶嵌着褐色琉璃瓦，酷似生铁浇筑，因此得名铁塔。林徽因看着塔身在褐色琉璃瓦上浮雕的飞天、降龙、麒麟、菩萨、力士、狮子等图像，对古代先人的智慧赞不绝口。她随着考察队的男人们进入塔身，攀爬一百六十八级台阶到达塔顶，站在塔顶极目远眺，领略美与力的永恒，心中涌起了万丈豪情。她只知道所有的古建筑都有一个精彩的故事和华美的过程，却没有想到自己的生命也会在探寻古建筑中精彩无比。

紧接着，他们又考察了开封的天青寺繁塔，然后，驱车去了山东的济南，走了历城等十一个县，考察了神通寺四门塔、辟支塔、慧宗塔、法定塔、兴隆寺砖塔、铁塔寺铁塔、法兴寺宋塔、龙泉寺明塔、岱庙、县文庙、寺殿等古建筑，获得了珍贵的第一手资料。

行行复行行，林徽因在整个考察过程中，心里似乎揣着一团火，明媚透彻如阳光，她的笃定与执着，让她在美的画卷中，领受着天地六合间徐徐传来的古建筑馥郁的回声。祖国的大好山河和古建筑触发了她诗人的灵感，她一路走一路写诗，留下了许多脍炙人口的佳作。《山中》就是其中的一首：

　　紫色山头抱住红叶，将自己影射在山前，
　　人在小石桥上走过，渺小的追一点子想念。

高峰外云在深蓝天里镶白银色的光转，
用不着桥下黄叶，人在泉边，才记起夏天！

也不因一个人孤独的走路，路更蜿蜒，
短白墙房舍像画，仍画在山坳另一面，
只这丹红集叶替代人记忆失落的层翠，
深浅团抱这同一个山头，惆怅如薄层烟。

山中斜长条青影，如今红萝乱在四面，
百万落叶火焰在寻觅山石荆草边，
当时黄月下共坐天真的青年人情话，
相信那三两句长短，星子般仍挂秋风里不变。

这首诗歌表现了她一路畅快的心境，以及对祖国的山河美景如醉如痴的爱恋，每一片落叶、每一瓣飞花，都叫翻山越岭的她心驰神往。

为了梦想，林徽因拖着虚弱的病体，踏遍祖国山河，她的生命，和古建筑一样精彩绝伦。

结束了在山东的考察，林徽因和梁思成他们马不停蹄地赶往陕西。在经过榆次时，林徽因偶尔将头探出车窗，这不经意的一探头，就有了意外的发现，一座小殿的飞檐别具一格，那是不同寻常的营造法式，有着特殊的建筑价值。他们下车后往回返，考察了这座不朽的建筑。这座叫永寿寺的小殿堂，叫雨花宫。它的结构的确不同凡响，其主要特点就是建筑方法简单，节省建筑材料，在组织各种构材时，在没有任何装饰的情况下，编织出纯结构美。他们经过勘查和研究，发现这是大宋祥符元年的一座殿堂，是大宋年间木构建筑过渡形式的重要实例。

勘查完毕，林徽因和梁思成应顾祝之邀，赶往陕西西安的大、小雁塔，参与维修计划的制订。站在位于西安市南部的慈恩寺之内的大雁塔下，林徽因抬头仰望，看着青砖叠垒成多层楼阁式塔身，她再一次被古建筑独特的美所震撼！

来此之前，林徽因在图书馆查资料，了解了这座不同寻常的塔建于唐永徽三年，唐高宗为了保护玄奘由印度带回的佛教经典，出资在寺的西院建造此塔。初建时呈平面方形，五层高，砖身土心。唐长安年间，用青砖改成七层，可由塔身内攀登顶层，唐大历年间又加建到了十层。

林徽因拉着梁思成走进塔身，立即被塔门精美的线刻佛像所吸引了。她指着西面石门楣的"阿弥陀佛说法图"，对梁思成说，据说这图是唐代大画家阎立本的作品。两人走近细看，图中的佛殿笔笔都是按比例刻画的。抬头再看屋脊上兽吻、飞檐、风铃、斗拱、柱基、石阶等，都表现得清清楚楚，将唐代建筑特色全部展示了出来。

林徽因对同行人说："如果将来有人搞个摹本，唐代的营造法式，就有一个大致的轮廓了。"

林徽因和梁思成等人来到坐落在西安市南郊的小雁塔。这座塔建于唐代景龙年间，是为收藏经书而建，塔身比大雁塔小，故称小雁塔。据说，小雁塔曾三次离合，竟然天衣无缝，确实令人称奇。林徽因和梁思成得知后，也惊奇不已。明成化末年地震时，塔从顶部之间裂开一尺多宽的缝隙，仿佛开了一道天窗，到了正德末年又一次地震，塔中裂缝自行弥合，天衣无缝；明嘉靖乙卯地震，塔身又被震裂，癸亥的地震，又弥合无痕；清康熙辛末，塔又被震裂，辛丑地震又自行复合。小雁塔三次被地震震裂三次自行弥合，令人称奇，也给了林徽因、梁思成更多的启发，给他们制定修复小雁塔方案提供了建筑理论依据。

他们一路走，一路看，塔塔精彩，都有着自己独特的历史和文化，都被林徽因和梁思成尽收眼底。

离开大、小雁塔已经是六月中旬了，他们继续考察，去了耀县的药王庙。按原来的考察方案，本应接着去敦煌考察莫高窟，却因抗战爆发，时局紧张，未能成行。

七月流火，林徽因和梁思成带着考察队开始返回。他们或骑骡子，或坐货车，跋山涉水，途经五台、沙河、繁峙，到代县，听到北平发生了"卢沟桥事变"的消息，心情立即异常沉重起来，非常想尽快赶回北平。很快，他们发现，平津两条铁路已不再通车，梁思成安排纪玉堂带上图录、稿件，暂返太原，等候消息。第二天清晨，他们从代县出发，徒步到同蒲铁路的阳明堡，匆匆分手，各奔东西。为了尽快赶回北平，林徽因和梁思成只好绕道前行，费尽了周折，他们才出雁门关，过大同、张家口，昼夜兼程。

一到北平，他们就看见宋哲元的29军的兵车，迎面呼啸而过，浓烈的火药味让他们的心倍感紧张。到了北总布胡同三号家门口，林徽因和梁思成看见士兵们在门口挖了堑壕，四处弥漫着战争的硝烟。朋友们听说林徽因和梁思成考察回来了，纷纷赶来看望，大家坐在一起，互通消息，一致决定，以实际行动支持宋哲元的军队。他们在北京教授要求抗日致政府的呼吁书上签了名。

林徽因和梁思成不忘国忧，在日寇侵入我国的乱世中，仍然对建筑事业情有独钟，这种大爱，穿过刀光剑影，穿过战火硝烟，穿过春夏秋冬。

诗意地行走世间

林徽因是建筑学家和教育家，又是诗人和作家，她以自己别样的人生和独特的风采，诗意地行走于世间。作为建筑学家，她冷静自持，有着异于常人的理性；在日常生活中，她蕙质兰心，有着诗人的浪漫和想象力，所以她在理性的建筑和感性的文学这样两个不同的领域登峰造极，成就了传奇的一生。

　　生命的诞生，是一个永恒的奇迹。也许，是因为她出生于江南杭州，西子湖畔的秀丽风光给予了她诗情画意；也许，她的求学经历让她有了空灵的艺术感觉和脱俗不凡的谈吐和诗文；也许，她曾经从诗人徐志摩身上深刻地领悟到了文学的魅力。所以，林徽因在建筑科学研究之余，埋头写诗写文，诗歌和小说、散文源源不断地从她笔下溪水一样潺潺流出。她的诗文大部分是在病中完成的，一定是养病期间，她的思绪如繁花飞舞，灵魂在心湖的空灵处舞蹈，绽放了惊艳的花蕾。她在一首《仍然》的诗里写道：

　　　　你舒伸得像一湖水向着晴空里
　　　　白云，又像是一流冷涧，澄清
　　　　许我循着林岸穷究你的泉源：
　　　　我却仍然怀抱着百般的疑心
　　　　对你的每一个映影！

　　　　你展开像个千瓣的花朵！
　　　　鲜妍是你的每一瓣，更有芳沁，
　　　　那温存袭人的花气，伴着晚凉：
　　　　我说花儿，这正是春的捉弄人，
　　　　来偷取人们的痴情！

　　　　你又学叶叶的书篇随风吹展，
　　　　揭示你的每一个深思；每一角心境，

>你的眼睛望着我,不断地在说话:
>
>我却仍然没有回答,一片的沉静
>
>永远守住我的魂灵。

　　林徽因的诗,每一句都是从她的内心流出来的,是她对生活的认知的艺术感悟,情真意切、细腻精妙,在一个个鲜活的意象中,充满着浪漫的情思和优雅的情趣。那是她的目光越过琐屑、庸常的生活,投向远方。她浪漫的情思,赋予了她和丈夫梁思成一生致力于对中国古建筑艺术美的追求。当她和梁思成在河北、山西等偏远地区考察古建筑时,艰苦的旅途,在她的眼里充满了诗情画意。她写道:"天是透明的蓝,白云更流动得使人可以忘记许多事,更不用说到那山山水水,小堡垒,村落,反映着夕阳的一角庙、一座塔!景物是美得使人心慌心痛。"

　　如果说,建筑事业是林徽因的生命和坚守,那么文字就是来自她心灵深处的歌,她把美好的情怀化为美妙的文字,作为清丽无双的心灵独语。她用精妙的文字去畅抒情怀,从文字中获得雅趣,不经意间为中国文学史留下了极具美感的一笔。

　　当我们穿越岁月的灵性之光,再读林徽因的诗句,不禁要为她的诗意人生拍手叫好。

>我说你是人间的四月天;
>
>笑响点亮了四面风;轻灵
>
>在春的光艳中交舞着变。

　　在这首诗里,林徽因真挚的情感得到了充分的表达,她与生俱来的灵气,让整首诗词语和韵律的和谐几乎达到了极致。

梁从诫先生曾回忆说：母亲1928年从美国留学回国，"此后不久，母亲年轻时曾一度患过的肺病复发，不得不回到北京，在香山疗养……香山的'双清'也许是母亲诗作的发祥之地，她留下来的最早的几首诗都是那时在这里写成的。清静幽深的山林，同大自然的亲近，初次做母亲的快乐，特别是北平朋友们的真挚友情，常使母亲心里充满了宁静的欣悦和温情，也激起了她写诗的灵感。从1931年春天，她开始发表自己的诗作"。

这一时期，林徽因的人生逐渐成熟，她和梁思成的婚姻稳定而幸福，她把自己的情感赋予文字，陆续发表了一些散文、小说和剧本，受到文坛的关注。她的每一部文学作品或是每首诗歌，都与生命和自然有关，她的早期诗作受英国唯美派诗人的影响，有着特有的柔美浪漫，彰显了浓郁的唯美倾向。

清丽的文字是滋润心灵的独语，激扬的文字收获情感宣泄的快意。林徽因的生活充满诗情画意，平淡的日子被她演绎得生动多姿。

她的诗作，最吸引读者的往往是那些歌咏爱情的诗篇。有个青年读罢《那一晚》这首诗作热泪盈眶，特意买了一册关于林徽因的著作送给他爱恋的女友。

那一晚我的船推出了河心，
澄蓝的天上托着密密的星。
那一晚你的手牵着我的手，
迷惘的星夜封锁起重愁。
那一晚你和我分定了方向，
两人各认取个生活的模样。

到如今我的船仍然在海面漂，
细弱的桅杆常在风涛里摇。

到如今太阳只在我背后徘徊，
层层的阴影留守在我周围。
到如今我还记着那一晚的天，
星光、眼泪、白茫茫的江边！
到如今我还想念你岸上的耕种：
红花儿黄花儿朵朵的生动。

那一天我希望要走到了顶层，
蜜一般酿出那记忆的滋润。
那一天我要挎上带羽翼的箭，
望着你花园里射一个满弦。
那一天你要听到鸟般的歌唱，
那便是我静候着你的赞赏。
那一天你要看到零乱的花影，
那便是我私闯入当年的边境！

  有人说，这首诗是林徽因写给徐志摩的。其实不然。当年林徽因离开伦敦时，与徐志摩是不辞而别，根本不存在缠绵牵手这一幕。林徽因这首诗写在成家以后，倘若她真盼望有一日私闯徐志摩的爱情花园，则又置丈夫梁思成于何地？此诗发表在徐志摩编辑的《诗刊》杂志，林徽因更何至于如此招摇？她发表《那一晚》署笔名"尺棰"，同期发表的《谁爱这不息的变幻》则署原名林徽因。

  林徽因的诗意生活是令人羡慕的。她的阅历、她的知识面，让她的文字显示出了灵魂的深邃，那是她生命的智慧给了她与众不同的韵味，她用遒劲的笔尖写下生命的顿悟，那力透纸背的底蕴，没有一定阅历是做不到的。

林徽因在《究竟怎么一回事》一文中曾说过：

  写诗究竟是怎么一回事，真是惟（唯）有天知道得最清楚！读者与作者、读者与读者、作者与作者关于诗的意见，历史告诉我传统的是要永远地差别分歧，争争吵吵到无尽时。因为老实地说，谁也仍然不知道写诗是怎么一回事的，除却这篇文字所表示的，勉强以抽象的许多名词，具体的一些比喻来捉摸描写那一种特殊的直觉活动，献出一个极不能令人满意的答案。

林徽因用唯美的笔调低沉婉转地表达出崇高的情感，即使是建筑学术研究论文，字里行间也宛如山涧潺潺流淌的溪水，清澈、美丽、动人，使本来晦涩难懂的理论变得格外生动。

1932年，林徽因在《平郊建筑杂录》开篇写道：

  这些美的存在，在建筑审美者的眼里，都能引起特异的感觉，在"诗意"和"画意"之外，还使他感到一种"建筑意"的愉快。这也许是个狂妄的说法——但是，什么叫作"建筑意"？我们很可以找出一个比较近理的含义或解释来。

  顽石不会点头，我们不敢有所争辩，那问题怕要牵涉到物理学家，但经过大匠之手艺，年代之磋磨，有一些石头的确是会蕴含生气的。天然的材料经人的聪明建造，再受时间的洗礼，成美术与历史地理之和，使它不能不引起赏鉴者一种特殊的性灵的融会，神志的感触，这话或者可以算是说得通……

只有林徽因这样精美的女子，才能精妙道出建筑的美。林徽因早已把建筑美学和诗文一样看待并实施了。

梁从诫先生曾说:"她的学术论文和调查报告,不仅有严谨的科学内容,而且用诗一般的语言描绘和赞美祖国古建筑的技术和艺术方面的精湛成就,使文章充满诗情画意。"林徽因是绝顶聪明的女子,智慧和灵动让她把科学家的严谨和诗人的灵动洒脱,巧妙地结合起来,为科学赋予诗意,成就她温婉细腻却又睿智博学的知识女性的形象。

萧乾说:"她又写,又编,又评,又鼓励大家。我甚至觉得她是京派的灵魂。"

林徽因的写作体裁广泛,诗歌、散文、小说,无不涉猎,戏剧和杂评的水准也非常高,她被北平女子文理学院聘请讲授《英国文学》课程,负责编辑《大公报·文艺丛刊·小说选》,同时担任文学杂志的编委。

不能不说,林徽因诗意的生活方式,其实是一种认真的生活态度,哪怕生活穷困潦倒,病痛缠身,她依然优雅地将一颗心放在喧嚣的红尘之外。战乱期间,她病重得只能倚在床上,靠着被子半躺半卧,却坚持读了大量的汉代历史书籍,为的是给梁思成研究汉阙、岩墓以帮助,偶尔还创作诗歌,篇篇佳作,流露着她对艺术不懈的追求、对纯真的向往、对心灵自由的真切渴望。她去世后,金岳霖和邓以蛰两位教授的一副挽联道出了她诗意的人生境界:"一身诗意千寻瀑,万古人间四月天。"

第十章｜执着坚韧的伫立

人没有梦想，就像鸟儿没有翅膀。梦想让女人绽放不一样的光彩，让生命有了不一样的活力。林徽因执着于梦想，创造出了站在时代最高峰的成就。即使在抗日战争时期，她也没有放弃钟爱的建筑事业。

逃亡路上，林徽因面对日寇敌机的轰炸，拖着虚弱的病体，忍痛坚持着，在艰难困苦中绽放自己的光彩。

在昆明艰苦卓绝的日子里，林徽因用无私和崇高的精神坚持使命，保护着古建筑和民风民俗文化。她纪念三弟林恒三周年的诗歌，告诉人们，民族独立是以英雄的血为奠基石的。战乱中，她一个弱女子却始终坚强地伫立。

乱世的坚守

　　林徽因和梁思成一路行走一路吟，那是梦想的寻找，那是开拓新领域的寻找。他们沿着那条世俗的道路、那条充满了坎坷棘刺的道路寻找，寻找那美轮美奂的古建筑。

　　古建筑敞开了胸怀，安静地触碰没有边际的天空，就像高贵的精灵，蕴含着先人的智慧和技艺。

　　梁思成著作的《营造算例》《清代营造则例》两卷书，为他奠定了中国第一个建筑史学家的地位，他已经掌握了中国建筑的进化规律。在他平凡的语言下，蕴含着独树一帜的创造性和阅尽铅华的思考，在中国建筑史上留下了辉煌的一章。

　　林徽因和梁思成开拓性的考察旅行和他们在野外考察中发现的古建筑的

事迹，震惊了世界。中外学者纷纷来访。一些欧洲和美国的读者读了营造学社的《汇刊》，被林徽因和梁思成的探查和研究所感动，普林斯顿大学艺术系主任乔治·劳利教授访问北平时，和梁思成、林徽因探讨了中国的艺术与建筑。他赞扬这对夫妻旺盛的生命力和眷恋建筑事业的精神。

林徽因和梁思成特别地热爱和珍视为这些建筑增色的优美雕刻和装饰。梁思成着手编辑一部关于中国建筑细部的参考指南，为未来的建筑师和历史学家留下珍贵的实物照片做参考，使传统建筑工艺得以留存。在1935—1937年期间，梁思成和他的学生、同事刘致平完成了讲述台基、石栏杆、店面、斗拱、琉璃瓦、柱础、外檐装修、雀替和藻井等十个部分的资料整理和写作。

1935年年初，南京政府决定修缮和养护山东曲阜的孔庙。梁思成被聘为这一重要工程的顾问。对于这一职位，他心生爱恋，恪尽职守。7月，他向政府递交了他的调查报告，提出修复的建议和费用估价。同年他任北平市文物保护委员会顾问。古都的许多寺庙、厅堂、高塔和门楼都得到了修复或加固。修复工作忙得他无暇顾及考察找寻遗存的古建筑了。

就在梁思成忙得脚打后脑勺，为古建筑的修复四处奔波时，林徽因的肺结核病又犯了。病来如山倒，协和医院的大夫要求她卧床休息三年，她却表示只休息六个月。忙碌中的梁思成放下手中的笔，来到林徽因的病床前，不声不响地看着她，而病中的妻子不顾病情，还在集中精力写一篇小说。

祸不单行，正当林徽因、梁思成竭尽全力为中国建筑事业鞠躬尽瘁时，一场民族悲剧正在逼近中国。日寇正在向长城以南进犯，强迫南京政府同意把从北平到天津的长城以南地区规定为非军事区，建立了一个中国傀儡政府。北平的气氛很紧张。日本人占领了北平、天津之间的重要铁路枢纽丰台，先是进行"只是为了万一发生战争的情况下的演习"，后来又把满载兵士的两辆军车开往更远的保定府以"试验卡车"。

此时，战云压城，营造学社的工作已无法再进行，林徽因和梁思成心急如焚，他们担忧着这几年积累的大量调查资料落入敌手，商量后，决定转移到天津英租界银行保险库中存放。

1937年7月28日，日军占领北平。林徽因的心被愤怒所填满。这天，林徽因和梁思成收到署名"东亚共荣协会"的请柬，约他们去参加一个会议，林徽因愤怒地一把撕碎了请柬。和平不再，被迫中断的教育和研究无时无刻不冲击着林徽因和梁思成的心。

日寇对华北的侵略，来势汹汹。苍穹下茫然若失的生命，活跃着敏感的神经，救国救亡，匹夫有责，林徽因的心，燃烧着团团火焰。她仿佛看见了那些古老的建筑，被千年风雨吹打得千疮百孔，迎风摇曳着历史的黑暗和外辱内患的忧愁。丈夫梁思成在凄厉的枪声中，奋起保卫学校的所有仪器和资料。那是令人悲哀的日子，国立大学准备南迁，清华大学已在把科学仪器打包装箱。中国最好的大学图书馆正在烟消云散。

林徽因看着梁思成悲伤地在清华校园里徘徊，那木质的古建筑，榫连着卯，卯托着斗，环环相扣、严丝合缝，就像林徽因和他的爱情。可是，日本侵略者已打破了这份安宁，梁思成说服朱启钤为了保护营造学社的宝贵收藏不受毁坏或落入日本人手中，它们必须被装箱，转移到一个安全的隐藏地去。

他们的行动是迅速果断的。林徽因开始收拾整理东西，准备南迁。他们悲伤着，期望着。在民族灾难来临时，他们表现出中国知识分子的坚定和勇敢。

林徽因说："如果说我们的民族灾难来得特别快又特别残酷，我们也不得不立即起来主动应战。困难是肯定有的，但我们不会无所作为地坐在那里，只是暗暗地捏紧拳头，而我们的'尊严'每一分钟都受到羞辱的威胁。"

梁思成默默地准备南下，面对日本侵略者的威胁，他夜以继日地翻译他的建筑学论文。他将英文翻译得如此流畅，让林徽因和费慰梅都惊讶。在她们的帮助下，梁思成将论文很快整理成书，并在美国出版。

冬阳，就像岁月的一滴眼泪，悬挂在中天。林徽因听说天津《大公报》被日本人下令无限期停刊，非常愤怒，拒绝了代替它的《联合亚洲先驱报》的约稿。她生气地发现大约有五十位中国人在该报工作，愤愤地说："难道他们不知道他们在做些什么？"

梁思成则愤怒地把报纸扔进了火炉，那熊熊燃烧的是抗议的火焰，古老民族的血液，穿透了层层黑暗，在奔涌。

梁思成乘学生示威游行带来的喘息时间将营造学社重新启动了起来。他参与了在上海新建的市立博物馆举行的中国建筑展览会的准备工作，林徽因在给费慰梅的信中说："思成是一个经常的存在，假如他不像我那样经常地给你们写信，你们仍然可以感知他在这里，跟过去一样的温柔可爱——他在忙着许多可爱的工作（我也以我自己的方式真的参与了，尽管谁也不会相信其真实性）。"

林徽因夫妻二人一起接待了美国建筑学家和城市规划学家克拉伦斯·斯坦因及其夫人、著名女演员爱琳娜·麦克马洪。然后，梁思成出差到上海去为展览会工作。林徽因和金岳霖陪他们到颐和园去观赏清代古建筑。斯坦因先生睁大了眼睛，啧啧称赞，连说大开眼界。

梁思成受克拉伦斯·斯坦因的影响，开始阅读和思考城市规划，这是一个在他日后的年代里至关重要的课题。同时，他决心争取在日本对华北的压力暂时中断的时候，继续进行野外古建筑的研究工作。他说："对古物的爱好和保护与日本军阀是全然不相干的。尽管他们国家的人也同样热爱我们的古代文化（这是他们自己文化的源泉）。即使是早在1931年和1932年，我的每次考察旅行都是由于越来越近的新一轮日本大炮的震响而突然中断了有意义的工作。很显然我们能在华北工作的日子已经不多了。在我们被阻止这样做之前,我们决定要在这个地区全力以赴。"

林徽因和梁思成在战争中,依然坚持研究中国古建筑史,如同星星之火燃烧蔓延。

林徽因和丈夫梁思成急切整理行装,准备南下云南。他们对如何保存营造学社的宝藏费尽了心思。梁思成和刘敦桢以及其他同事合作,把学社最重要的材料包括图画、照片底片和照片、模型、研究笔记、档案和图书打好包,送到一个地方保存起来。这些材料包括所有的底片,但他把照片和基本数据都带着,希望今后还能用得着。他还把他写的关于他的发现的几篇英文论文寄给费慰梅以供发表。

北大、清华及天津的南开大学迁址湖南长沙,建立了联合大学,挫败了日寇限制中国人民智力的阴谋。

这时,一个让林徽因和梁思成愤怒的消息传来,加速了他们南下的脚步。那一天,日本当局找到梁思成,要求他组建一个中日友好协会。面对荷枪实弹的日寇,他气得浑身哆嗦,当然不能答应侵略者的要求。日本当局让他回去考虑,然后给他们答复。回到家中,他和林徽因商量对策,一致认为,如果他不答应日本人,日本人必会限制其行动自由,必须马上离开北平南下。

生死逃亡路

面对疯狂入侵的日寇,林徽因和梁思成断然拒绝了为日本人组织什么中日友好协会的要求,并带着全家老小走向了逃亡之路,随行的还有金岳霖和清华大学的两位教授。

1937年9月5日,梁家离开北平去天津,到达逃亡路上的第一站。梁家在天津意大利租界的房子是一个很好的避难所。

林徽因一下火车就被眼前的情景惊呆了，天津站到处都是荷枪实弹的日本兵，她抬起头望向天桥，看见那里架起了机关枪，对着来往的人群，有日本兵站在出站口，严格盘查每一个旅客，她看见，在站口的角落里，集中了一群被日本兵认为可疑的人，他们正在遭受鬼子枪托的毒打。五岁的梁从诫吓得哇哇直哭。车站的广场上挤满了逃难的人，临街的墙上，到处写着"中日亲善""东亚共荣""建设大东亚新秩序"等标语，街上的行人寥寥无几，只有一队队的日本兵不时地走过。

一进家门，林徽因就和梁思成商量，如何安置营造学社勘察古建筑的资料和其他贵重物品。最后由梁思成去与一家英国银行商谈，终于把这些比命重要的资料锁在了保险箱里。他匆忙地写了一张纸条："……一个星期之前我们到达天津，将要坐船到青岛去，从那里再经过济南，去到换车船不超过五次的任何地方——最好是长沙，而其间的空袭要尽可能的少。到那时候战争就打赢了，对我们来说永远结束了。"

旅途上，艰难困苦时时刻刻都在困扰着他们。

9月初，林徽因一家搭乘一艘英国商船，从新港出发，到烟台后，林徽因发现，这里已是战云密布了，中日军队对峙，战事一触即发。林徽因和梁思成决定赶往潍坊，在那里住了一夜后，第二天一早，乘坐青岛赶往济南的火车。她看见胶东半岛已是满目疮痍。行车期间，不时有日军的飞机从上空呼啸而过。火车不得不停下来，警报的尖叫声刺耳，旅客惊慌跑下车，慌张躲避。到了济南却因所有的旅馆爆满而找不到住处，最后，梁思成找到山东教育厅帮忙，才在大明湖边的一个旅馆住了下来。两天后，他们继续南下，经徐州、郑州，绕来绕去到了汉口，最后到达长沙已是10月1日了。而联合大学11月1日开学。

在长沙的日子并不顺利，林徽因一家在火车站附近租了两间房子，房东住楼下，林徽因一家住楼上。由于林徽因的母亲病了，做饭等家务就落到了她的身上。闷热的天气里，林徽因为了照顾老人和孩子，将自己陷于家务的烦琐之中。后又迎来了北平文化界、教育界的同仁张奚若夫妇，梁思永一家也来了。大家坐在一起，商量着到昆明去办西南联大。林徽因临时的家，立即成了朋友们聚会的中心。他们讨论着国内外形势和中日战局，一起唱抗日救国歌曲，梁思成担任指挥，那歌声带着愤怒，铿锵而嘹亮。

那一天，日寇的飞机嗡嗡飞临长沙的上空，林徽因家遭遇空袭，一颗炮弹命中了她临时的家。当林徽因和梁思成听到远处一声爆炸后，本能地抓起两个病倒在床上的孩子就往外冲，还没到楼下林徽因和儿子就被炸飞，所幸没有受伤。他们惊骇地看到房子开裂了，玻璃门窗、镜框、房顶、天花板等碎片雨点一样砸在他们的身上。他们从旁门冲出去，来到硝烟弥漫的街上，朝联大的防空洞跑去。头上，一架日军飞机俯冲下来，又扔下一枚炸弹，却没有爆炸。

林徽因看着被炸塌的房子，四处黑烟滚滚，大人哭孩子叫地乱成一团。飞机飞走后，她和梁思成从废墟里寻找可以再用的衣物。刚安顿下来的家，转眼就成了灰烬。战乱中，他们漂泊无定所。不久，他们一家人和金岳霖一起，住进了长沙圣经学院。

这个时候，沈从文、曹禺、萧乾、孙伏园等来到了长沙。在一个飘着鹅毛大雪的早晨，他们来到林徽因家，大家聚在一起，感慨万千。

林徽因和梁思成准备带着家人去云南了。

还要蹚过多少条河，翻过多少座山？林徽因的目光总是锁定前方，那是抵达意志的方向。灵魂依然，走遍天涯雄风不减，浑身的血液燃烧到沸腾。

在湖南临近贵州的一个小城晃县（今湖南省新晃侗族自治县东南老晃城），他们乘坐的汽车被空军征用，只能无限期地等待。寒冷的天气、一路的奔波让本就虚弱的林徽因病倒了，先是气管发炎，而后，发展为肺炎。

病事沉重，逃难路上缺医少药，梁思成一筹莫展，心急如焚，那颗伤痕累累的心悬了起来。城里的小旅馆挤满了难民，病着的林徽因连住的地方都找不到。

林徽因在病中吟诵着里尔克《爱的歌曲》：

> 我怎么能制止我的灵魂，让它
> 不向你的灵魂接触？我怎能让它
> 越过你向着其他的事物？

林徽因走在黑暗而又泥泞的街上，焦虑、愤慨、悲伤、疲惫。她的身影在铺满月光的大地上移动。忽然，路边的一家小旅馆里传来了恍如隔世的小提琴悦耳的声音。她驻足倾听，精神不死，就不会倒下去。她伸出手去，敲了敲飘出琴音的那扇门。原来，住在这里的也是等车去昆明的八位空军学院的学员，他们知道了梁思成的困境、林徽因的病情，便让出房子给他们住，而他们自己却去同伴那里挤。

也许林徽因命不该绝，奇迹终于发生了。在大约百名也被阻在这个小村里等车的外来者当中，有一位曾在日本的一所美国教会医院受过训练又曾专门研究过中草药的女医生给她看了病，林徽因吃了一些她开的能在当地买到的中药，得以活了下来。病中的她在"那个用薄板同那些可爱的年轻广东飞行学员、可憎的当地下等妓女、骂骂咧咧的赌棍、操着山东方言的军官和从各个省份来并具有不同气质的司机们隔开的小屋子里"躺了两个星期，逐渐康复。梁思成看着好了起来的林徽因，心中无比安慰。

林徽因和梁思成与那八位空军学员一直保持着亲密的友谊，不论他们在昆明的集训，还是作为飞行员的战时勤务中，给了他们家一样的温暖，大哥大姐一样地关心着他们。

刚刚退烧的林徽因带着孩子们，跟着梁思成坐上了只有十六个座位却上来了二十七人的车子，开始了昆明之旅。

林徽因写道："情况糟透了，从凌晨一点钟起我们就在黑暗中奋斗，把我们自己和我们随身带的物品（已是少得可怜）塞进汽车。当十点钟汽车终于开动时，车上已经挤了二十七名乘客。这是一辆没有窗户、没有点火器、'什么也没有'的家伙，喘着气、颤抖着前进，连爬过一段平路都很困难，何况是险峻的高山。""天黑下来的时候外婆又发冷又发热。但没有退路，他们只能坐这辆破车继续前进。它最后停在土匪多得出了名的荒凉的贵州大山顶上——没有汽油了。全家拉着孩子们冻僵了的小手，在天黑下来的时候沿着山路徒步前进。""我们又一次遇上了奇迹，在峭壁的一旁我们找到了几所房子并被让进去过夜。"

叙述到这里，林徽因对路途的其余部分用一个生动的段落就匆忙讲完了："后来又有一个故事接着一个故事……关于坏了的汽车、意外的停留、投宿丑陋肮脏的小旅馆……不时还有一些好风景，使人看到它们更觉心疼不已。那玉带似的山涧、秋天的红叶、白色的芦苇、天上飘过的白云、老式的铁索桥、渡船和纯粹的中国古老城市，这些都是我在时间允许的时候想详详细细地告诉你的，还要夹杂我自己的情感反应作为注脚。"

经过这么多的"故事"，林徽因和家人终于在1938年1月中旬到达了昆明，比他们计划十天到达多了六个星期。

在昆明艰苦的日子里

1938年1月，林徽因和家人来到昆明，暂时居住在翠湖巡律街前市长的宅院里，张奚若夫妇与其为邻。迫于战争动乱避难于此的她，无时无刻不在想着如何恢复中国建筑史的研究。她和梁思成商量，决心重建营造学社，并为此做了大量的准备工作。战争中，那些被侵蚀的斑驳古建筑，一定沧桑得似残非残，似立非立。她的心，痛了一下又一下。

战争，使营造学社的前景暗淡无光。没有资金，没有所长，没有工作人员。在这遥远的昆明，如何起步？

为了维持生计，梁思成和林徽因给有钱人设计房子，但收入很少且不稳定。

俗话说："祸不单行，福无双至。"这一年的6月，梁思成得了严重的脊椎关节炎和背部肌肉痉挛，哪怕是穿着支撑重心的铁背心，也站不起来，厉害的时候，痛得昼夜不眠，他必须卧床休息。不久，他扁桃体发炎化脓，切除手术又引起了牙周炎。林徽因望着疾病缠身的丈夫，心如刀绞。

屋漏偏逢连夜雨，梁思成的病对于他们当时所处的形势来说，无异于雪上加霜。林徽因挺身支撑着家里所有的事务，直到半年后，梁思成才康复，中国营造学社也才摇摇晃晃地在云南起步了。周诒春代理董事长，而中华文化基金会有一小笔款子可供明年的经费之用，梁思成还像以前那样领导研究工作。除此之外，政府还暗示要他试验用本地材料建造廉价的大学校舍。

林徽因终于可以继续为建筑事业做研究工作了。

这个时候，联大的教师和学生陆续开始从长沙来到昆明，金岳霖也来了。"太太沙龙"重新热闹起来。他们谈文学，谈战局，累了就去李公朴开的北门书店或去顺城街老城墙脚边的大排档品尝风味小吃。

大家在一起时的欢乐减少了战争所带来的各种忧虑和烦恼。

那时，林徽因的三弟林恒也在昆明航校，经常带着一群同学到家里玩，孩子们欢天喜地地和舅舅玩耍，听舅舅讲故事，玩舅舅做的飞机模型，吹他给他们做的子弹壳哨子。一次，萧乾来了，听林恒讲完刘粹刚的故事，颇为感动，便随即写了篇《刘粹刚之死》的文章，在当时文坛上颇有影响。

日寇的一次空袭打破了这里的宁静。日本二十三架菲亚特式轰炸机分两批来袭,轰炸了空军学院,炸毁了停在地面上的飞机。新毕业的空军学员第一次和敌人实战,他们击落了其中的一架敌机,追赶其余的飞机直到广西边境,此战虽没赢,但却鼓舞了士气。

林徽因在这暂时平静的日子里,写了几首诗来记录当时的生活,其中有一首是这样写的:

对北门街园子

别说你寂寞;大树拱立,
草花烂漫,一个园子永远
睡着;没有脚步的走响。

你树梢盘着飞鸟,每早云天
吻你额前,每晚你留下对话
正是西山最好的夕阳。

有一家茶铺给了林徽因温暖和美丽的回忆,她和梁思成以及朋友们常来这里,吃一碗米线,或者要一盘爆炒黄鳝丝、一盘新鲜的田螺。这里有一种吃食,曾给她带来愉快的回忆——"恋爱豆腐果"。她还怂恿沈从文和张兆和、萧乾和"小树叶"(萧乾的第一任妻子王树藏)吃,看着他们辣得眼泪直流,还起哄:"不吃光就是感情不深啊。"林徽因拿起笔把这样的生活记录下来,一首诗就鲜活地反映了当时的情景:

茶铺

这是立体的构画,
描在这里许多样脸,
在顺城脚的茶铺里
隐隐起喧腾声一片。

各种的姿势,生活
刻画着不同方面:
茶座上全坐满了,笑的,
皱眉的,有的抽着旱烟。

老的,慈祥的面纹,
年轻的,灵活的眼睛,
都暂要时间茶杯上
停住,不再去扰乱心情!

一天一整串辛苦,
此刻才赚回小把安静,
夜晚回家,还有远路,
白天,谁有工夫闲着看云影?

不都为着真的口渴,
西面窗开着,喝茶,
翘起膝盖的是疲乏,

赤着臂膀好同乡邻闲话。

也为了放下扁担同肩背，
向运命喘息，倚着墙，
每晚靠这一碗茶的生趣
幽默估量生的短长……

这是立体的构画，
设色在小生活旁边，
阴凉南瓜棚下茶铺，
热闹照样地又过了一天！

才女林徽因笔墨酣畅地记录着茶铺这一生活场景，这回忆温暖而美好。

夏天的时候，萧乾接到了胡霖从香港发来的电报，因日军入侵被迫停刊的《大公报》现在正筹备复刊，准备在"八一三"一周年时出复刊号，请萧乾立即赶往香港。萧乾在高兴之时，拉着"小树叶"去林徽因家报告好消息，同时向林徽因约稿并辞行。萧乾在《大公报》工作期间，林徽因经常写信鼓励支持他。

这个时候，北平营造学社几个骨干莫宗江、陈明达、刘致平也先后来到昆明，林徽因和梁思成把大家组织起来，恢复营造学社的工作，对江南地区的古建筑进行考察。梁思成开始筹措经费，他给中美庚款基金会的周诒春写信，询问能否得到补助。不久，周诒春回信说，有梁思成和刘敦桢，基金会就承认营造学社，可以继续给补助。这样，梁思成终于组建了营造学社西南小分队。

1939年年初，战争的硝烟正浓，美丽的昆明经常受到日本飞机的轰炸，空袭的警报声尖厉刺耳，林徽因等文化圈的朋友和刚刚建立起来的营造学社不得不搬到乡下，她再次携家带口外出避难。梁思成把营造学社的办公地址设在郊区龙泉镇麦地村的一个旧尼姑庵里，绘图桌和菩萨们共处一殿，林徽因一家住在大殿旁一间泥土铺地的小屋里，学社的其他成员和家人也都住在这座尼姑庵里。

梁思成领导的营造学社在昆明活跃起来，尽管规模小一些，但建筑史学家们也开始了他们在本地区寻找中国古建筑的系统考察。他们发现的几所宋朝寺院，却都是梁思成他们已经研究过和描述过的。刘敦桢在梁思成病倒时来到了昆明。他开始在昆明附近开展调查工作，并带领一个小组进一步向西到大理和丽江研究了宝塔、寺庙及民用建筑。

1939年秋天，身体状况刚刚好转的梁思成带领营造学社的考察团离开昆明，去四川省的四十个县进行了长达六个月的广泛和细致的考察。林徽因留守和整理资料。

那一天，阳光明媚，梁思成和同伴们登上了四川西部彭山县江口镇附近的崖墓，顿时被眼前的情景惊呆了，他们发现了汉代（公元前206—公元220年）的木结构建筑！

这是多么重大的发现！这是鲜为人知的中国建筑发展早期阶段的建筑物！

梁思成和同事们对这座汉代木结构建筑进行了详细的考察研究。然而，他们没有钱来资助新的研究项目及其研究报告，或发表关于他们在西南地区的已有发现的报告。

生活是极其困难的，物价飞涨，缺医少药。一直病着的林徽因承担了全部家务，做苦工一样支撑着这个家和营造学社。

战争没有让林徽因和梁思成等人停下寻找古建筑的脚步,他们仿佛看到,远远的前方,古建筑的身影模糊而又清晰。沿着崎岖的山路,他们朝着既定的目标走下去。

1940年的春天,林徽因和梁思成亲手设计、亲自一砖一瓦地在龙泉镇建造了自己的住房,金岳霖在他们住房边上加了间耳房。这里风景优美,风把野花的香味一阵阵地送过来。这所耗费了他们所有积蓄并让他们欠下了不少债务所建造的房屋,使他们的经济状况糟透了,差不多到了举步维艰的地步。多亏费正清夫妇寄来一张为林徽因治病的支票,才算付清了建房所欠下的债务。

梁思成收到了一份来自海外的信,当林徽因笑呵呵地递给他的时候,他疑惑地打开信,信件内容让他又惊又喜。那是在逃难到天津时,他寄给费慰梅的关于公元6世纪赵县大石桥的英文论文,希望它能在美国发表。费慰梅为他找到麻省理工学院建筑系主任威廉·爱默生,恰巧他的研究题目之一就是法国最早的散拱桥,它比中国先行者要晚十个世纪。他读完文稿,就把它寄给权威的建筑杂志《笔尖》(Pencil Point),并附了自己的推荐信。《笔尖》在1938年1月号和3月号将论文分两次刊出。不久,梁思成收到《笔尖》付的稿费。

不知何时,林徽因对大西南的民风民俗产生了浓厚的兴趣。她不仅考察了当地的民居,画了许多图纸,还进一步考察了当地的民族工艺。麦地村有一座烧制陶器的土窑,能烧制出精美的陶罐,林徽因想进窑看看,可是窑主不同意,说烧窑的技术传男不传女,女人进作坊是不吉利的。林徽因为此花了不少钱,才得以进去观看陶制品的制作过程。

1944年,战争中和林徽因、梁思成结缘的那八个飞行员都在战斗中牺牲了,他们的遗物都被送到梁家。林徽因不禁想起已牺牲三周年的三弟林恒,她提笔写下了诗文《三弟林恒之死》以寄托哀思：

这是一首写给三弟林恒的诗。今天是他壮烈殉国三周年忌日。
弟弟，我没有适合时代的语言
来哀悼你的死；
它是时代向你的要求，
简单的，你给了。
这冷酷简单的壮烈是时代的诗。
这沉默的光荣是你。

假使在这不可免的真实上
多给了悲哀，我想呼喊，
那是——你自己也明了——
因为你走得太早，

这是1944年的秋天，你离去已经三年了，时光这个万能的医师，却不能使心灵的伤口愈合。那道伤口将会永远新鲜如初，不经意碰一下，就会引发起灵魂的血崩。三年了，一切都历历在目，如同昨天，唯一忘掉的，是听到那个噩耗的时刻。

那天，你的姐夫从重庆回来，一脸凄然之色，沉默许久，才说出了你遇难的消息。已经整整三个月没有接到你的信了，白发的母亲，天天倚门盼望，孩子们天天望着空中发呆，不知舅舅在哪片云朵上。一种不祥的预感，天天笼罩着我，这种预感每日让我彻夜难眠。父亲遇难的时候，这种纷乱的心绪每天缠绕在我的心头，不幸的消息如期而至，任何盼望都已落空。如今是轮到你了，我天天惶恐着，心里一遍又一遍为你祈祷着平安，母亲也似乎预感到什么，每天的话题总离不开你,还悄悄地去庙里为你烧过香。

……

弟弟,你走得太早了,你刚刚二十三岁,死神将为你永远保留了这个美丽的年龄,本来你离它是那么遥远。在我的记忆里,你还是那个夏天长了一头痱子,哭起来惊天动地、彻夜不眠的小淘气,你还是经常把自己的名字写成"■",爹爹来信说该挨打的小淘气。刚刚毕业的时候,你到家里来辞行,你是多么年轻的空军上尉呀,说是要上战场了,你那么轻松,仿佛是要进行一次愉快的远足,赴一个美好的约会。

然而,弟弟,你并不不知,战争对于它的参加者意味着什么。你讲过你的同学那么多悲壮的故事,炸弹不是美丽的花束。你轻松的告别,是怕母亲为你担惊受怕,从那个时候起似乎你已经长大了。这就是战争,它能让一个孩子在瞬间变得成熟;它是文明的逆子,又是文明的慈母。它毁灭着,它创造着,它需要用千千万万青年人的血,来浇灌那橄榄枝条。

……

弟弟,你折戟沉沙的英雄故事,只有巍巍的峨嵋山会记下你的名字,不管它的草木经历过多少番枯荣;只有奔腾的岷江会记下你的身影,不管它消逝过多少流水。

战争,原本是让女人走开的,可是我却一步步走近了它。你把所有的都交出了,是那样慷慨,那样义无反顾。

然而,你注定会被忘却。

时隔三年,林徽因失去弟弟的痛仍如锯心,她大段的文字寄托着她的哀思,仿佛在告诉人们,民族独立是以英雄的血为奠基石的。

战乱中,她一个弱女子却始终坚强地伫立。

虽然远离战场,但日军的轰炸却越来越凶了。他们为了躲避轰炸机,常常一天不进食,饿着肚子四处奔波。和他们住在一起的金岳霖,经常早晨五点半就从村里出发,赶到城里上课,常常课还没上空袭就来了,然后饿着肚子四处奔逃。

在这样的日子里,林徽因和梁思成却一刻都没有放弃他们的建筑研究,而是坚持着信念奋勇向前。

李庄的苦难和坚韧

1940年春,梁思成被任命为中央研究院的研究员,而周诒春博士,时任营造学社董事长,提名梁思成为学社社长,并让学社附属于政府支持的中央研究院下属的历史语言研究所。中央研究院是由教育部负责的。教育部下令研究院的研究所从昆明迁往四川重庆西边三百多里、长江南岸的一个小镇李庄。

林徽因又一次带着全家,在1940年冬,离开了朋友们,到一个陌生的地方——李庄,去开拓新的领域。他们和营造学社同仁乘一辆卡车,经曲靖、六盘水,过叙永直下泸州,在离宜宾三十公里的南溪县李庄镇上坝村住了下来。

离开昆明的时候,梁思成突然发起了高烧,他让爱妻林徽因带着家人先离开,自己留下来养病。三个星期后,他才赶去与他们会合。艰苦的战时生活,摧残了本就体弱多病的林徽因的身体,加上三弟林恒的牺牲对她的打击,林徽因一度卧床不起。

梁思成内心的焦虑是可想而知的,他为妻子的病,为营造学社的古建筑考察，四处奔走。

梁思成在营造学社和中央研究院历史语言研究所的工作中，呕心沥血，那是他最丰美的生命历程。

夜晚，家家熄灯，万籁寂静，梁思成还在菜油灯下研究他在考察旅行中发现的汉代岩墓。

这个时候，病着的林徽因坚持要为丈夫的研究做出贡献，她要梁思成从图书馆给她带回大量汉代历史书籍。躺在病床上的林徽因，倚靠着被子，如饥似渴地研读这些书籍。她希望可以深入研究汉代历史，以帮助梁思成对汉墓的研究。梁思成在写给费慰梅的信中说：

> 徽因对于你在汉墓结合其拓片方面的研究极感兴趣。或许你到现在还不知道她自己也探索过汉代历史。她曾私下非常勤奋地熟识了汉代的著名人物，帝王和王后，将军和大臣，他们的宠幸和敌人，她谈到他们时简直就和谈论隔壁最好的朋友一样！这还不算，她把他们的习惯、服装、建筑至脾气秉性都联系在一起。如果她照现在的速度搞下去，她将会成为在汉朝研究方面特别有学问的年轻女子。就是现在，她还能有声有色地详细讲述西汉大部分历史人物的故事。
>
> 她计划从汉代历史中给你抄一张有关描述实际生活的壁画的摘录。看起来汉朝人特别喜欢在墙上或隔板上画画，她对此做了很多记录。她甚至认为汉朝人画画的本领比我们在那个时期的石刻上或浮雕上见到的还要大。把图画刻在石头上有时候必须采用建筑上的表现手法，人显得胖，风度不那么优美，特别是在那些浅浮雕上。从你的一些拓片复制品上我们可以看到描写动态的马和狗的漂亮的单线图。试想一下假定这些线条用毛笔画在汉代历史上出现过的宫殿的墙上，我们将会看到什么景象。

林徽因和梁思成夫妻合力研究汉代建筑史，那份耳鬓厮磨，温暖、感动，镜头一样留在了历史的橱窗上。不是红袖添香似的爱情，而是比翼齐飞的默契。那大思想、大智慧，就像片片海浪，在中国建筑史的海洋里，蹁跹着他们独有的爱情的气势和魅力；就像一面猎猎飘扬的旗帜，引导后来人在建筑领域实现理想。

林徽因自嫁给梁思成，便很少有时间安坐家中享受清福，不是一脚泥泞地跋涉在寻找古建筑的路上，就是颠沛流离，躲避战争。即使在家，在病中，也是淹没在书山文海中。

梁思成在流离失所的战争年代，克服种种困难，一心一意地研究他的古建筑，这种精神实在是难能可贵。他在接到费慰梅关于研究武梁祠的书后，给她回信说：

> 它使我感到格外有兴趣，因为我不仅是如我原来想象的在处理你在搞的一些图片，而是你已对研究汉代建筑作（做）出了有价值的贡献。这不仅是处理武梁祠材料的新方法，而且对于汉代墓葬遗存的概念也提出了新观点……对于你在取得必要的材料、参考物和你的计划得以实现及无可争辩的手段上的彻底性和耐心我非常赞赏……你使我们突然意识到，在佛教传入之前的中国，这类为追念死者所建的小祠堂，就是当时宗教观念的体现。在这个观念中，宇宙、方向、道德（**过去所作出的许多好事情**）、祖先崇拜（**一系列过去的帝王**）、战功（**战斗场面**）、五行观念、对学习的喜爱、对高官的尊崇等等，全部和生死、幸福生活和传宗接代的观念混在一起。所有这些东西的混合物就是现在在中国也还是基本的宗教信仰，因此当时必定是整个的宗教。这样的一个小小的祠堂所说明的居然

能比许多页历史书所能叙述的还要多,真是令人惊异。徽因认为它的意义比我想象的还要大(这是一个值得记住的论点)。——【徽因自己在这里加了一行】"一个没有主神、没有死者十分重要的画像或塑像的小祠堂,却有着人类基本要素和德行有节责地融成的浑然整体。"

而林徽因为了支持丈夫的研究,负担起了所有的家务,这就占据了她大部分的时间和精力,让她无法专心地从事研究工作,为此,她也苦恼,她曾给费慰梅写信诉说苦衷:

每当我做些家务活儿时,我总觉得太可惜了,觉得我是在冷落了一些素昧平生但更有意思、更为重要的人们。于是,我赶快干完手边的活儿,以便去同他们"谈心"。倘若家务活儿老干不完,并且一桩桩地不断添新的,我就会烦躁起来,所以我一向搞不好家务,因为我的心总一半在旁处,并且一路上在诅咒我干着的活儿——然而我又很喜欢干这种家务,有时还干得格外出色。反之,每当我在认真写着点什么或从事这一类工作,同时意识到我在怠慢了家务,我就一点也不感到不安。老实说,我倒挺快活,觉得我很明智,觉得我是在做着一件更有意义的事。只有当孩子们生了病或减轻了体重时,我才难过起来。有时午夜扪心自问,又觉得对他们不公道。

在李庄的生活是艰苦的,这样的镜头恐怕应该被载入史册:

在菜油灯下,做着孩子的布鞋,购买和烹调便宜的粗食,我们过着我们父辈在他们十几岁时过的生活但又做着现代的工作。有时候读着外国杂志和看着现代化设施的彩色缤纷的广告真像面对奇迹一样。昆明的气候和景色非常可爱，使我们很喜欢。四川就很糟糕。我们居于长江上游一条不太吸引人的支流旁。南迁以来，我的办公室人员增加了一倍，而我又能筹集到比过去两年中所得到的还要多的资金。我的薪水只够我家吃的，但我们为能过这样的好日子而很满意。我的迷人的病妻因为我们仍能不动摇地干我们的工作而感到高兴。

艰苦的生活，总是和他们如影相随，但这并没有压垮他们，他们仍怀着坚定的信念，克服一切困难进行古建筑史的研究。

第十一章 | 一剪时光中的魅力四射

　　抗日战争中,林徽因拖着虚弱的病体,过着颠沛流离的生活;漂泊中,她却不忘使命,坚持古建筑的研究;病痛中,她依然写文写诗,在病刚刚好点的时候,又去深山老林造访古建筑。她的事业和情感,在无怨无悔的坚持中得到升华。

　　战乱之中,林徽因和梁思成不能再去访问古建筑,他们抓紧分分秒秒的时间,撰写中国古代建筑史,为中国建筑史开新河。

　　在战后时光中,林徽因和梁思成双双为建筑教育奉献着聪明才智,他们的情怀和信念之火,点燃了灿烂的理想。

　　为保护古建筑,林徽因和梁思成怀着赤子之心奔走呼号,他们出版全国古建筑目录,提建议,翻译苏联战后重建的书,做了大量的工作。

漂泊中的事业和情感

　　战争中，林徽因一直过着颠沛流离的生活，但她却不忘使命，坚持古建筑的研究；病痛中，她依然写文写诗，从来不因为病痛的烦恼向人诉苦，始终把乐观的一面展示给他人。在她被病痛折磨得就剩下一把骨头时，她的谈吐仍然不俗，尤其是谈起建筑时，更是眉飞色舞。林洙曾回忆说："她是那么健谈又有风趣，我除了不时地发出咯咯的笑声外，再也插不上嘴。她是我一生中所见到的女子中最美、最有风度的。当然，我见到她时她已经是四十多岁的人了，病魔已把她折磨得只剩下一把骨头。但是一旦和她接触，实体的林徽因就不见了，你所感受的只是她的精神、她的智慧与美的光芒，我常常陶醉在对她的欣赏中。"

　　林徽因和梁思成在残酷的战争中，从来没有放弃过研究中国古建筑史，他们踏遍祖国山河，一个一个寻访古建筑，守候着古建筑，脚板在下，月亮在上，他们就像顶天立地的古建筑，震撼着民族的灵魂。

据统计，1930年至1945年，林徽因和梁思成夫妻二人走了中国的十五个省、两百多个县，考察测绘了两百多个古建筑，留下了《论中国建筑之几个特征》《晋汾古建筑预查纪略》《中国建筑史》等珍贵的建筑史料，为中国建筑史的发展写下了浓墨重彩的一笔。虽体弱多病，但林徽因在古建筑考察中，爬梁上柱，凡是男子能爬上去的地方，她就准能上得去。

战乱中不能四处奔走，林徽因和丈夫梁思成就着手写作，借着菜油灯摇曳的微光，弓着身子一字字地写。没有印刷工具，就用最原始的石印。

林徽因在肺病复发时，每天靠着被子工作，书案上、病榻前摊满了无数照片、草图、数据和文字记录。

艰苦的抗战岁月，梁思成开始了《中国建筑史》的写作，这是多么庞大的工程！

贫困中，梁思成一边忙着写书，一边照顾病中的林徽因。为了生活，他不得不卖掉心爱的自来水笔、手表等东西来维持家用。林徽因在他的照顾下，身体渐渐地好起来。而他自己却带着颈椎钢架四处奔走，在繁忙之余，他写书、作画，竟然临摹了二十六幅古代重要建筑遗存的画，并配以必要的文字说明和放大的照片，送到重庆去参加全国美术展览。

病着的林徽因在丈夫梁思成写作时，把家里收拾得井井有条。她用粉白纸糊窗户，几乎每天都给窗台上的花瓶插上她从田野里采来的鲜花，让家里温馨舒适，且富有情趣。在战火纷飞中，她和丈夫一起把一卷厚重的《中国建筑史》，呈现在多姿多彩的世界建筑历史的橱窗中。

林徽因工作起来，好像忘记了战争，忘记了病痛，只顾着把勘查过的古建筑分门别类，每个字，都像柔柔细细的音符，浸满了她对生命、对远方、对古建筑的情感。

金岳霖在1941年11月底，写信给费慰梅，开玩笑地描述梁思成的状况："他仍然和过去一样，在上班之前和之后溜溜达达，而上班时他的主要工作则又要写中国建筑简史又要管理研究所的财务。他作为历史学家的责任有些不同寻常：他要烤面包、砌炉灶、秤煤和做各种家务事……"至于林徽因，金岳霖则写道："她是全身都浸泡在汉朝里了，不管提及任何事物，她都会立刻扯到那个遥远的朝代去，而靠她自己是永远回不来的。"

为了使《中国建筑史》一书更加完善，在李庄安顿下来后，林徽因和梁思成就又开始了对古建筑的考察工作。离南溪县不远的兴文县，有建武僰人悬棺集中区，因此成为他们考察的第一个目标。林徽因坐在船上，从曹云邓家河顺流而下，举目可以看见苏麻湾崖上的僰人悬棺。那五十多具形若长匣的悬棺被吊在一百多米高的崖上，有的两棺并列或两三棺重叠，悬于木桩上，也有的将棺镶嵌在长方形的崖穴内，周围是奇山怪石，千姿百态。林徽因在考察前查阅了资料，对于悬棺的僰人有所了解。僰人是个古老的民族，春秋前后居住在以僰道为中心的川南及滇东一带。楚僰是古县名，汉代治所，在今四川省宜宾市西南的安边镇。僰人曾经是个强悍的民族，他们有过自己的黄金时代，创造了自己灿烂的文化，却在历史的长河中神秘地消失了，只留下崖壁上的悬棺，成为千古之谜，留给后人去猜测和赞叹。

梁思成和莫宗江、刘敦桢等人望着悬棺，热烈地争论着悬棺是怎么弄上崖的，他们各持己见，最后不约而同地望向林徽因。只见她陷入了沉思之中，她想，这是怎样的一个民族？把棺木高高地悬于崖壁之上，然后彻底消失，没有留下任何记载，折戟沉沙，正是历史的朦胧才让它更具神奇的魅力。

林徽因他们一行人沿岷江逆流而上，去考察位于麻浩湾的东汉崖墓。考察中，林徽因和梁思成发现，这座崖墓有着鲜明的东汉墓室风格，棺室、樽堂、墓道深近30米，最宽处近11米，最高处2.8米，入内门框上镌刻着"邓景达冢"四个汉隶大字,遒劲奔放。

　　林徽因被椁堂内的浮雕吸引住了,那些浮雕有《车辇图》《牧马图》《宴乐图》《荆轲刺秦王图》等。墓道口外的门枋上,刻有浮雕佛像一尊,结跏趺坐,头为高肉髻,佩顶光,右手作降魔印,左手放膝上,执一襟带状物,身躯突出额枋,是我国早期佛教造像模式。林徽因和莫宗江一幅幅地仔细观看,认真临摹,梁思成忙着拍照,陈明达忙着测算数据,这是梁思成写作《中国建筑史》的第一手资料。

　　在古龙岗山,林徽因又一次被摩崖造像所震撼。古龙岗山又称北山,唐末昌州刺史,昌、普、渝、合四州都指挥韦靖,与此建永昌寨。后于唐景福元年在这里造像,经五代到南宋绍兴年间,历时二百五十余年建成,石刻分布在佛湾、白塔寺、营盘坡、观音坡、佛耳岩等处。佛湾一处有二百六十四座龛窟,岩高七米,长五百米,南段多晚唐和五代雕刻,北段多宋代雕刻。神车窟中的蟠龙"心神车",正壁为佛,左净宝瓶观音,右多罗。左壁为文殊、玉印观音、如意珠观音,右壁为普贤、日月观音、数珠手观音。对称的雕刻艺术,严紧有条,浑然一体。八尊菩萨像丰腴圆润,典雅大方,凸显了雕刻技艺的高深。

　　林徽因边观察边细琢磨那鬼斧神工的雕刻艺术,无意中竟然发现了古代匠师的名字。这一收获让她高兴得差点儿跳起来。

　　离开北山的摩崖造像,他们又来到了大足县城东北十五公里的宝顶山考察摩崖造像。宝顶山是善男信女朝拜进香的名山,林徽因看着山里的小路上走着大群的虔诚的香客,想起了"上朝峨眉,下朝宝顶"之说。她明白,诵佛经,生者释然如初,所有的寺院宫庙,只是欲晓的心结。几个青布包头、身穿蟠龙衫、下穿宽脚灯笼裤的后生,从后面赶了上来,抬着滑竿颤颤悠悠地走着,滑竿客悠然自得地对着山歌。聪明的林徽因听过就记住了对歌的词,对梁思成说:"我可以编一本滑竿调了。"

宝顶山的摩崖造像规模大，造像多，数以万计。其中，属大佛湾和小佛湾规模最大。林徽因发现，大佛湾是一个幽深的马蹄形山湾，长五百米，崖壁陡峭，雕刻分布在东、南、北三面，有三十多幅巨型雕刻，最令人赞叹的是"六道轮回""广大宝楼阁""华岩三圣像""千手观音像""九龙浴太子""十大明王像"等。

林徽因说："这里的造像与北山不同，都是很有趣的佛教故事，很有些人间烟火味。"

刘敦桢说："这里的石刻，大多数是密宗造像题材，反映了密宗势力和在唐后期曾盛极一时的景象。"

然后，林徽因一行人来到了宝顶山圣寿寺西侧，登上了大宝楼阁，楼中的辉煌再一次令林徽因惊讶。这里，现存造像六百余尊，遍布石壁残垣，中有小室，名毗卢庵，内外壁镌刻唐柳本尊行化图，以及地域变相图，前面的方形石塔，共有三层，刻满十二部大藏经目录。大佛湾的南侧，有整石开凿的宝顶圆觉洞，阳光从洞顶上方的开窗上流泻下来，让洞内的一切生动、真实起来。洞顶的泉水引入洞中，经壁间小沟流入龙口吐出，再注入暗沟流出洞外，那叮咚的泉水声，让洞内的艺术境界变得清晰而华丽。洞正壁刻有佛像三尊，左右壁有十二圆觉菩萨，稳坐莲台，姿态各异，衣褶流畅自如，形象逼真。壁间刻有楼台亭阁、花草树木、人物鸟兽、幽泉怪石，实如真物。

大宝楼阁的建筑和艺术价值，让林徽因醉心其中，她专心临摹，不忍离去。直到大家一再催促，她才恋恋不舍地离开。

下山的路上，大家热烈探讨着观摩感受，林徽因更为自己收获的大量信息无比开心。古建筑的诗情画意让她沉醉，使她暂时忘记了战争所带来的苦难和艰辛。

骄傲地捧出辉煌

当梁思成全力以赴地书写《中国建筑史》的时候,林徽因却再次病倒,来访的朋友也病倒了,两个病人的病房只隔着一座大厅。梁思成在两个病房之间拿着食物、药品、体温表等跑来跑去地奔忙着。他尽量让妻子高兴些,以期待她的病快点好。

过了一段时间,林徽因的身体好了,又可以和梁思成并肩工作了,她暂时放弃了文学和新戏剧的创作,全力投入到古建筑的研究中。梁思成更是在繁忙中度过他的每一天,成了名副其实的管理者,筹集资金,经营营造学社的事务——开会、联系各方面的人等,"万金油"般奔忙,只有夜晚,才是他自己的时间。

危难见真情,战争的苦难让梁思成和林徽因的爱情更加美好。他们默契地配合,相得益彰。

林徽因是第一个读到梁思成的《中国建筑史》的人。她认真而严谨,一丝不苟地修改着每一个章节。同时,她要做所有的家务,"继续扮演经济绝招的'杂耍演员',使得全家和一些亲戚和同事多多少少受到一点儿好的照顾。我必须为思成和两个孩子不断地缝补那些几乎补不了的小衣和袜子……当我们简直就是干不过来的时候,连小弟在星期天下午也得参加缝补。这比写整整一章关于宋、辽、清的建筑发展或者试图描绘宋朝首都还要费劲得多。这两件事我曾在思成忙着其他部分写作的时候高兴地和自愿地替他干过。宝宝的成绩还是很好,但她要走这么长的泥路去上学可真是难为她了,而且她中午老是吃不饱"。

1943年春天,梁氏夫妇忽然提出来一个充满希望和创造力的计划,林徽因写信给费正清说:"思成有一个想法,把一些关于中国建筑的图版做成黑白片子,加上中英文的说明,在完成以后送到你那里做成缩微胶片。寄到美国去出版或者找到出版的资助……"

夜深了,那一盏不太明亮的菜油灯燃烧着,梁思成聚精会神地伏案绘图。他把下颌放在一个小花瓶上,用于支撑他头部的重量,并常常调整姿势,以减轻他关节炎发作时脊椎的压力。林徽因端着一杯清茶走进来,她放下茶碗,俯身看图,再看看丈夫因睡眠不足而苍白的脸色,心疼地说:"睡吧,别把身体熬坏了。"梁思成放下笔,摇晃了一下颈椎,说:"你先睡吧,我画完这幅就睡。"

梁思成终于把他和林徽因及同事们一起野外考察的古建筑翻检排查、随机研究后,构筑出《中国建筑史》的基本框架。

梁思成在这本书出版时说:"这是同类书中的第一部。我为了出版这么一本书已经等了多年……"

他用学者柔弱的肩膀,承担起了自己的使命。

梁思成的《中国建筑史》,把他和中国营造学社其他成员过去十二年中搜集到的材料系统化了。他把掩隐在历史烟云中的三千五百年分成六个建筑时代,参考历史和文学文献,考察了每一个时代的建筑物,做了详细而真实的分析和描述。

为了这部《中国建筑史》,林徽因付出了多少艰辛?克服了多少常人克服不了的困苦?她在梁思成背后,默默地整理资料,分门别类,认真修改原始书稿,让整本书的文字清晰灵动。那隐藏在故事表象背后的深层次的民族精神,令人感慨万分,彰显着古建筑史的力度和震撼人心的力量。这部书不但开了历史的先河,还在不同朝代的不同建筑的分析、描绘以及推演和节奏的把握上,做了深入的挖掘,表现了梁思成对中国建筑历史的把握和深度挖掘的能力。这部书的出版,是他深厚的生活积淀和匠心慧眼的映照。

林徽因和梁思成以对脚下这片热土的深厚感情和他们充满激情的秉笔直书的写作精神，以及严谨、刻苦、真实的再现和发掘，使曾经埋没在历史长河中的古建筑得以重见天日。他们的魄力值得称道，他们的视野广远深邃，这是中国建筑史之大幸。

梁思成写完这部《中国建筑史》，还用英文撰写了《注释中国建筑标准》一书。在这本书里，他以自己的画作和营造学社的照片为插图，说明用中英文写成，图文并茂地阐述和概括了中国建筑的历史。他把多年来对宋代建筑文献《营造法式》的研究成果以及他对现存的宋代建筑的实地研究，做了详尽的阐述。书中他对各朝代不同建筑的做法，都用现代的工程画绘制出来，并对晦涩难懂的宋代建筑术语加以注释。再加上大量的辽宋建筑实物的照片，也起到了图解的作用。为了出版这本书，梁思成画了一百幅以上的草图，并配有详尽的墨稿和文字说明。

梁思成的每一部书，都有林徽因的心血倾注其中，中国建筑史上，历来梁、林并称，他们夫妻二人像一棵枝繁叶茂的大树，把根深深地扎进中国建筑史的沃土里，并撒下无数希望的种子。

战后的时光

1945年8月，日本侵略者宣布无条件投降，艰苦卓绝的抗日战争终于结束。硝烟散去，林徽因和梁思成夫妇欣喜不已。八年的颠沛流离损坏了林徽因的身体，病重的她，不顾病痛，坚持出门庆贺这一伟大的胜利。她拉着梁思成的手，去了茶馆，以茶代酒，庆贺抗战胜利。然后，梁思成买了简单的酒菜，邀请莫宗江一起庆贺。席间，梁思成还激情满怀地朗诵了杜甫的诗。

正当他们满怀喜悦的心情，庆祝抗战胜利之时，却得知蒋介石正在调兵遣将，内战一触即发。面对国内的紧张局势，又一次闻到硝烟味的林徽因忧心忡忡，她写信给费慰梅说："正因为中国是我的祖国，长期以来我看到它遭受这样那样的罹难，心如刀割。我也在同它一道受难。这些年来，我忍受了深重苦难。一个人毕生经历了一场接一场的革命，一点也不轻松。正因为如此，每当我察觉有人把涉及千百万人生死存亡的事等闲视之时，就无论如何也不能饶恕他……我作为一个'战争中受伤的人'，行动不能自如，心情有时很躁。我卧床等了四年，一心盼着这个'胜利日'。接下去是什么样，我可没去想。我不敢多想。如今，胜利果然到来了，却又要打内战——一场旷日持久的消耗战。我很可能活不到和平的那一天了（也可以说，我依稀间一直在盼着它的到来）。我在疾病的折磨中就这么焦灼烦躁地死去，真是太惨了。"

不久，林徽因一家便去了重庆，时任美国大使馆文化专员的费慰梅，经常陪林徽因四处游览，她还请了著名的美国胸外科大夫里奥·埃娄塞尔博士检查了林徽因的病情。林徽因和儿子梁从诫参加了马歇尔将军在重庆美新处总部举行的一次招待会，在那里见到了共产党的高级领导人周恩来。不久，林徽因和费慰梅同行去了昆明，见到了老友张奚若、钱端升、金岳霖等人，这让她十分高兴。她在给费慰梅的信中，叙述了她在昆明的情况：

  我终于又来到了昆明！我来这里是为了三件事，至少有一桩总算彻底实现了。你知道，我是为了把病治好而来的。其次，是来看看这个天朗气清、熏风和畅、遍地鲜花、五光十色的城市。最后但并非最无关紧要的，是同我的老朋友们相聚，好好聊聊。前两个目的还未实现，因为我的病情还未好转，甚至比在重庆时更厉害了——一到昆明我就卧床不起。但最后一桩我享受到的远远超过我的预想。几天来我所过的是真正舒畅而愉快的日子，是我独自住在李庄时所不敢奢望的。

……

一切最美好的东西都到花园周围来值班，那明亮的蓝天，峭壁下和小山外的一切……房间这么宽敞，窗户这么大，它具有戈登·克莱格早期舞台设计的效果。就是下午的阳光也好像按照他的指令以一种梦幻般的方式射进窗户里来，由外面摇曳的桉树枝条把缓缓移动的影子泼到天花板上来。

……

不管是晴天或是下雨，昆明永远是那样的美丽。我窗外的景色在大雷雨之前或紧接它之后特别优美。大雨下来时我房间里的气氛之浪漫简直无法形容——当一个人独处在静静的大花园中的寂寞房子里时，忽然天空和大地一齐都黑了下来。这是一个人一辈子都忘不了的。

1946年7月，西南联大教工返回北平，林徽因和梁思成带着全家由重庆回到了阔别九年的北平，住进了清华大学宿舍。教育部指令梁思成创办清华大学建筑系，并担任系主任。随后，安排他去美国，研究当代美国大学的建筑教学。同时，梁思成还担任了中央研究院院士、中国建筑研究所所长、清华大学建筑研究所所长、联合国总部大厦设计咨询委员会的中国代表以及耶鲁大学访问美术教授。

但一个不幸的消息让林徽因和梁思成抱头痛哭，把孩子和老母亲都吓坏了。那是他们回北平不久，得知天津曾发了大水，把他们撤退前存在天津英租界的英资银行保险库中的图片和资料全部淹没了，这是他们多年的心血啊，就这样毁于一旦，他们怎能不伤感？

梁思成在美国期间，林徽因病重，但她忍着病痛，对清华大学建筑系的成立和运转提出了许多宝贵的建议,每字每句都为建筑这门科学在清华大学的扎根提供了根基,促进了清华大学建筑系尽早开课。当梁思成回国时,吴良镛、刘致平、莫宗江和罗哲文四人,已经站在了讲台上,执教建筑设计,刘致平兼教建筑结构,莫宗江兼教水彩画。

清华大学建筑系的成立,开了中国建筑史的又一先河。梁思成和林徽因一起培育新生,用自己多年呕心沥血得来的古建筑研究成果和采撷的西方建筑技术精华,装饰着中国的建筑史画廊。

这个时候的林徽因病得很重,梁思成每天结束在学校的工作后,总是笑呵呵地出现在林徽因面前,给她端水、拿药、打针,做着一个护士应该做的事情,并尽量抽出时间陪她。他把在美国买的电子小玩意儿给林徽因,安慰和丰富她的病床生活。他还当着亲朋的面,给林徽因展示从美国买回来的能自由折叠、组合和拆装的装置。床上可以调整高低的靠垫,眼前活动着的读写架、录音机、放大镜和扩音器。录有美国朋友问候语的录音机,让林徽因兴奋而满足,高兴得像个孩子似的。

不久,林徽因做了手术。为了让爱妻恢复体力,做自己喜欢做的事,梁思成在家里生了几个大炉子,炉火日夜不息。梁思成生火、添煤、掏灰,每天忙得不可开交。他说,徽因怕冷,那炉火是她的命。金岳霖说林徽因缺乏忍受寂寞的能力,倒不是希望有人取悦她,而是,她必须忙着。梁思成在给费慰梅的信中说:"她的精神活动也和体力一起恢复了,我作为护士可不欢迎这一点。她忽然间诗兴大发,最近她还从旧稿堆里翻出几首以前的诗来,寄到各家杂志和报纸的文艺副刊去。几天之内寄出了十六首!就和从前一样,这些诗都是非常好的。"林徽因修改、整理和争取刊发她的旧诗。金岳霖鼓励她这么干:"把它们放到它们合适的历史场景中,这样不管将来的批评标准是什么,对它们就都不适用了。"

1948年5月,林徽因在《文学杂志》发表了《病中杂诗》九首。同年底,清华大学所在的北平郊区解放了,共产党包围了古都北平,这让林徽因夫妇忧心忡忡,他们担心城内的古建筑遭到战火的毁灭。

但当两位解放军同志来到林徽因家,摊开军用地图,要求她和梁思成用红笔圈出一切重要文物古迹的位置,以便万一大军被迫攻城时尽可能地予以保护时,他们非常感动,也因此消除了对共产党的疑虑。他们立即应解放军的请求,编写了《全国文物古建筑目录》,此书后来演变成为《全国文物保护目录》。

不久,林徽因为清华大学设计教师住宅,并接受校外设计任务。

1948年3月31日,林徽因和梁思成迎来了结婚二十周年的纪念日,他们在家中举行茶点庆祝会。在这样一个值得庆贺的场所,林徽因却把它作为传播建筑学的场地。她微笑着接待了大家,即席作了关于宋朝都城的报告。她思维敏捷、端庄优雅、谈吐有据、幽默风趣,对宋朝都城的建筑特点如数家珍。她的大家学者风范,惊呆了在场的亲朋好友。人们惊讶地望着她,可是,谁能知道这个时候侃侃而谈的林徽因,手术后的刀口裂开了近一寸的大口子,正在用链霉素进行治疗。

这时候,梁思成走过来,附耳对林徽因说:"别累着。差不多就行了。"

林徽因微笑着看了他一眼,说:"没事。你去忙吧。"

梁思成退了出来,还能说什么呢?他知道爱妻的性格——她要做的事,必须做到底。

1950年,林徽因受聘为清华大学一级教授,被任命为北京都市计划委员会委员兼工程师,梁思成是这个委员会的副主任。夫妻二人对未来的首都建设充满了美好的向往,投身于对北京周围的古建筑的研究工作中。他们在考察亭台楼榭、寺庙塔院时,似乎为其今日的衰败而惋惜,但它们却是最切实可信的历史证物。他们倾力合作,合著了《平郊建筑杂录》一书。

在清华校园里,林徽因主讲市政设计课。这门课的开讲,应该说是国内最早的城市规划设计教育课程,是由她开的先河。她授课时,特别注意适应战后恢复城镇建设的需要;课的内容也是开阔性的,并不仅仅拘泥于市政设计,而是从人对阳光、水、绿化植被、鲜花、林石的需要,讲到人与人、人与健康、人与自然之间的关系;她还从园林艺术的空间关系,讲到四合院的结构语言,从苏轼的"东风袅袅泛崇光,香雾空蒙月转廊。只恐夜深花睡去,故烧高烛照红妆",讲到民居的缘情作用、精神功能和感情色彩,进而从北京城市的发展,讲到城镇规划的基础,以及城市交通、市政工程和城市绿地。原本生硬的建筑课,被林徽因讲得生动有趣,仿佛是一门多彩的人文艺术课程。

为保护古建筑奔走呼号

中华人民共和国成立后,林徽因的新生活开始了,清华园里一片新的景象。

在重庆,她和梁思成曾交给周恩来几份他们认为在战时应予以保护的古迹清单,当时,周恩来对古建筑的重视曾令她感动。现在,她惊喜地看到,新政府对北京城进行了大扫除,拉走污染大街小巷的成堆的废弃物以及成吨的垃圾和腐臭的残渣,清理了若干的下水道,还把淤塞着污泥、废弃物和疯长着杂草的湖泊疏浚出来,使湖水得到了净化。通货膨胀得到控制,民族的自豪感代替了曾经的屈辱。

林徽因感到欢愉,在一片连着一片盛开的花里,抱紧了充满阳光的春天。

梁思成依据自己多年考察取得的实地资料,在第一时间召集了建筑系的部分教师和学生,发动大家共同收集与建筑有关的文献记载。从资料搜集、分析到刻钢板、印装订,仅用一个月的时间,就完成了厚厚的《全国重要文物建筑简目》这本书。书中被列为国家一级保护的古建筑包括北京城的故宫，敦煌、云冈、龙门诸石窟，山东曲阜孔庙等，条目上方都加注了四个小圈，大家戏称"四星将"。次之是三个小圈，以此类推。总条目超过四百五十条，重要加圈的就近两百条。条目下附有详细的所在地点、文物性质、建造和重修年代，以及特殊意义和价值等。

林徽因对全书的条目逐一做了审核，并建议在说明中特别指出："本简目主要目的，在供人民解放军作战及接管时保护文物之用。"1949年6月，《全国重要文物建筑简目》由华北高等教育委员会图书文物处出版发行，分给各路解放大军，成为在战火中保护文物免遭破坏的依据。

紧接着，梁思成被任命为北京都市计划委员会的副主任。他欣慰地提出了把北京改造成新中国首都的四条建议：北京市应该是政治和文化中心，而不是工业中心；限制城区工业发展，因为它将导致交通堵塞、环境污染、人口剧增和住房短缺；保存北京故都紫禁城的面貌，保存古建筑城墙城楼；限制旧城内新建筑高度不得超过三层。

但梁思成得到答复是：保留紫禁城，但要建设一个现代化城市，必须有工业。

梁思成和林徽因感到非常沮丧，为了保住北京城，夫妻二人开始奔走呼号。

难道美丽的北京城要保不住了吗？光保留紫禁城是不够的，城墙围起的伟大城市一定不能被毁坏。

焦虑和悲哀摄住了他们的心，经过商量，梁思成提出他和林徽因商量的第五条建议，即在城西建设一个沿着南北轴向的新政府行政中心。这样就既能进行重要的新建又不破坏城市原有的中轴线。在留学英国的城市规划专家陈占祥的帮助下，梁思成把他的计划写成了建议书。他还发表了题为《北京——都市规划的无比杰作》的文章，期望得到公众的支持。

然而，苏联专家的意见占了上风，当林徽因和梁思成得知政府决定拆掉大城墙和城门楼时感到非常震惊。

梁思成马上提出建议，主张城墙和门楼应该保留下来服务于人民的健康和娱乐。他指出，城墙顶部"十米或更宽的"空间可以变成有花圃和园艺基地的永久性公园。有双层屋顶的门楼和角楼可以建成博物馆、展览厅、小卖部和茶馆。城墙底部的护城河和二者之间的空地可以建成美丽的"绿色地带"供"广大劳动人民"划船、钓鱼和滑冰之用。

针对1950年中国正在努力模仿的"老大哥"苏联，他写道：

> 苏联斯摩棱斯克有周长为七公里的城墙，人称"俄国的项链"，二次大战时毁于战火，全苏联人民献出爱心来修复了它。北京的城墙不能仅仅叫作"中国的项链"，而应该是"世界的项链"。它们是我们民族的珍宝，而且也是世界各国人民的文物。我们已经继承了这个历史上独一无二的无价之宝，现在怎么能够毁坏它呢？

然而，梁思成的建议没有得到采纳，即不破坏门楼和城墙的整体性，在每座城门的两边打开一个车辆的进出通道，这样交通堵塞问题就可以得到缓解和控制。在以后的二十年中，城墙整个被毁。所有的漂亮塔楼都被拆毁，只留下了东南角楼和南面的前门和北面的城门楼，二者的碉楼都已被拆毁。护城河不见了，城市的扩展甚至消除了一度享有盛名的元、明、清三代首都城墙的轮廓。

得知消息的那个夜晚，林徽因和梁思成一夜未眠，他们端坐望月，静听古建筑的哀鸣和哽咽，在这苍茫的天地间婆娑着泪光。

林徽因的"太太沙龙"在这个时期非常活跃，并出现了一些新的建筑学家：陈占祥、程应铨、朱畅中、胡允敬、汪国……大家为了北京市的都市规划聚在一起，慷慨陈词。林徽因依然是沙龙的主角，她语言犀利、风趣、意味深长。茶话会上，她提出许多新概念："多核同心圆"城市、"潜在带形"城市、"集成化"城市、"星座式城市群"，她还谈了柯布西耶和尼迈亚。她主张"一个城市应该是个美的整体，它的形象语言所表达出来的思想，是十分清楚的，建筑并不只是纯形式的美，它的思想性、伦理学和感情色彩，对于艺术性的欣赏来说是一种压倒一切的精神力量。这种精神力量，并不亚于物质功能，它有一种进取精神，有着更大的生命力。一个伟大的时代已经开始，这个时代应该拥有体现时代精神的作品。建筑作为人们生活、活动的物质对象，显然应该随着社会和人们的生活、活动的变化而变化。建筑作为一个审美对象，随着新时代的到来，人们对建筑艺术的理解和审美要求，也将会改变"。

林徽因的理论是主张把北京许多的名胜古迹，如故宫、天坛、中海、南海、北海、颐和园、玉泉山以及西山一带的风景区和休养区，通过一些林荫大道和河流连接起来，让城市的所有大街和河道都成为一个绵延不绝的公园系统，可见，她对城市建设有着多么高的审美和期望。当大家忧心忡忡地说到有人主张拆掉北京城时，林徽因的见解更加独特，她说："我们为什么不在城墙上修路做公园呢？这样既保护了古建筑，又利用了古建筑，这不是两全其美吗？美这个东西来自社会现实，没有美社会现实就不可能发展得和谐，所以它又是社会文明的灵魂。它形象地教育人们，使人类走向进步。"

万象更新的新中国，让林徽因看到了新的希望。她不顾病痛的折磨，要为新中国的建设出力。她开始在病榻上收集资料，偶然间，她发现了苏联N.窝罗宁教授所著的《苏联卫国战争被毁地区之重建》一书，万分高兴的她，立即和梁思成商量，尽快翻译这部书，中国战后的建设太需要了。她在译者体会中说：

从这本书里，我们愤怒地看到了德国法西斯几番在苏联灭绝人性的破坏，较比日寇在中国之暴行有过之而无不及，曾几何时，德、日法西斯和美国法西斯强盗及其帮凶们又在我们手足之邦，向所有的城市、乡村和爱好和平英勇不屈的朝鲜人民进行同样灭绝人性的破坏和屠杀。苏、中两国人民在八九年前，十余年前所面临的正与朝、中两国人民今天所面临的敌人是一模一样的。而且今天的强盗吸收了昨天的强盗的经验，是"青出于蓝"，变本加厉的。负责重新设计平壤的朝鲜建筑师金正熙同志告诉我们，平壤今天已真正成为一片"平壤"；将来重建平壤就同重建斯大林格勒一样的艰巨。

……

我们的中国是一个具有五千年灿烂的文化历史的国家。差不多任何一个中国的市镇都有数百年乃至数千年的文物。我们有伟大优良的都市计划传统和建筑传统；除去几个大都市外，全国所有的市镇，那就是全国百分之九十以上的劳苦人民现在所正在居住的，并且所正在继续不断地建造的市镇和房屋正是遵循这伟大优良的传统建造的。但是今天中国的建筑师们，无一例外地（译者们在内）都是直接或间接由外国学来的。年长一点的由学习古希腊、罗马，文艺复兴开始，年轻一辈的学习资本主义理论的体系结晶，即所谓"功能主义"（机械唯物主义）的"现代化"或"国际式"（世界主义式）流派。我们在这前后两种毒素中酣醉了数十年。

林徽因在病中，忘我地翻译着《苏联卫国战争被毁地区之重建》一书，只为了为中国战后重建提供借鉴。这本书在英国出版已经七年了，她和梁思成把它翻译成中文，其中充满着艰辛。在寒冷的北京，她在家里生着火炉，其他物质条件也很简陋，工作的内容繁重而又艰巨，作息时间的延长、饮食的不规律，使她的身体每况愈下。

为了保护古建筑，林徽因全然不顾这些，她竭尽全力、不知疲倦、不分昼夜地忙碌着。

1955年，病重的林徽因已经到了生命的最后时刻，她勇敢地向前来看望她的王栋岑等人说："你们拆的古董至少有八百年的历史，有一天后代子孙懂得它的价值之时，你们再建就是赝品，是假古董。"她思路清晰，锋芒毕露，还是那不减往日的所向披靡之势，完全不像即将走到生命尽头的垂危病人。

1953年8月，北京市召开文物建筑保护问题讨论会，由同是清华出身的北京市副市长吴晗主持会议。林徽因在会上发言："北京的九个城门是对称的，如一旦破坏，便不是本来的基础了。再如天坛，只保存祈年殿，其他都拆掉，也不是保护文物的办法。""艺术从来就有两个系统：一个是宫殿艺术。一个是民间艺术。后者包括一些住宅和店面，有些手法非常好，如何保存这些是非常重要的。"

吴晗说："在处理中应尊重专家的意见，但专家不能以为自己的意见必须实现。"弱不禁风的林徽因拍案而起，疾言厉色地怒斥，声若击鼓骂曹。

林徽因是多么渴望把澄明纯净的天空，留给古建筑，让它吐纳如丝如缕的民族气息，迷倒千千万万的远方来客，并永驻人间。

第十二章 | 永远的人间四月天

中华人民共和国建立后，已经病入膏肓的林徽因充满热情地投入到工作中去。她和梁思成被任命为设计国旗、国徽小组的成员，他们夫妻二人竭尽全力，设计国徽图案。后来，又参与了人民英雄纪念碑的设计和抢救景泰蓝的工作。

林徽因在生命的最后几个月依然工作着，她的生命如夏花般灿烂，循着摇曳的节奏，在岁月的风中凝视，盛开的姿势，闪着圣洁的光芒。

林徽因顽强地与疾病斗争，在生命最后的岁月里，她的生活依然充满着诗情画意。她的床头有几本诗歌集，《拜伦诗选》是她最喜欢的一本。

重病中的设计

1949年8月,林徽因和梁思成被任命为设计国旗、国徽小组的成员,他们夫妻二人竭尽全力,设计国徽图案,以金色和红色的天安门正面图案,绝妙地如图腾一般植根于中华民族的心里。

夜色的指缝里,充满了宁静。蝉声已歇,万籁俱静,林徽因的心,奏响了人民英雄交响曲。

1949年7月10日,中华人民共和国成立前夕,新政治协商会议筹委会在《人民日报》等各大报刊,刊登了公开征求国旗、国徽图案及国歌词谱的启示,征稿截止日期为8月15日。梁思成和林徽因领导了清华大学国徽设计组的工作,同时,梁思成还担任了国旗、国徽评选委员会顾问。林徽因为共和国国徽设计师。

国徽征稿结束时，已收到了全国各地、包括海外侨胞设计的九百多件作品，但都未被选用，政协筹委会决定把设计国徽的任务交给清华大学和中央美院。

梁思成把带回来的国徽参考资料，一张一张摊在桌子上，大家都认真评论着。林徽因讲了国徽和商标的区别。她说："国徽是一个国家的标志，它体现一个民族的历史、一个国家的意志、一个政党的主张。中国的国徽要有中国的特征、政权的特征，形式也要庄严富丽，应该表现中国人民的自豪感。商标只是商品的标志，它只具有商品注册的意义，这是两个完全不同的概念。我们必须加以区别。"

林徽因在设计中，借鉴了一些国家的国徽图案，还以一些古代的铜镜、玉环、玉璧等工艺美术作品作为参考资料，从中启发灵感。

梁思成传达了国徽审查小组要求在国徽图案中有天安门图像的意见。林徽因认为这是一个很好的构想，立刻派朱畅中去画天安门的透视图，她特别关照朱畅中说："在国徽图案中采用天安门立面图，可以使比例尺寸严格正确，同时在视觉上可以让人感到天安门广场的广阔深远。"她还建议，把两个华表向左右方向拉开距离，这样有整体上的开阔感，构图也比较稳定。她始终主张，国徽应该放弃多色彩的图案结构，采用中国人民千百年来传统喜爱的金、红两色，这是中国自古以来象征吉庆的颜色，用之于国徽的基本色，不仅富丽堂皇，而且醒目大方，具有鲜明的民族特色。

清华小组先后做了二三十个正式完成的国徽图案，陆续送政协国徽审查小组和中央领导同志审阅。

6月，经过三个多月的昼夜奋战，一枚定型的国徽图案诞生了。迎接终评的前一天，林徽因和大家都很兴奋，但也有隐隐不安。确定评选方案的那天，梁思成和林徽因都病倒了，便让兼任秘书工作的朱畅中去参加评选会议。

林徽因一遍遍叮嘱着："畅中，我等候你的消息，评选结束了，多晚也要赶回来。"

评选会议在中南海怀仁堂进行。只见清华的方案外圈环以稻麦穗，下端用红绶带绾接在齿轮上，国徽中央部分和下方是金色浮雕的天安门立面图，上方绘有金色浮雕的五星，衬在红色的底子上，如同天空中迎风飘扬的五星红旗。整个图案左右对称，庄严肃穆。大多数委员都赞成清华的方案，周恩来总理说："那么好吧，我也投清华一票。"然后又问方案中的稻穗能不能向上挺拔一些，"稻穗向上挺拔，可以表现时代的精神风貌嘛，从造型上也更为美观。1942年冬天，宋庆龄同志在她的寓所，为欢送董必武同志返回延安举行的茶话会上，桌上就摆着重庆近郊农民送来的两串稻穗，被炉火映得金光灿灿，当时有人赞美这稻穗像金子一样。宋庆龄说：'它比金子还宝贵，中国人口百分之八十都是农民，如果年年五谷丰登，人民便可以丰衣足食了。'当时我就说，等到全国解放，我们要把稻穗画到国徽上去。"

第二天，林徽因和梁思成立即组织国徽小组研究讨论周恩来总理的指示。大家群情激奋，只用了两三天的时间，就完成了修改任务，重新画了大幅国徽图案。在图纸上首，林徽因用红纸剪了"国徽"两个字，图的下方写了"国徽图案说明"：国徽的内容为国旗、天安门、齿轮和麦稻穗，象征中国人民自五四运动、新民主主义革命斗争和工人阶级领导的以工农联盟为基础的人民民主专政的新中国的诞生。修改后的国徽图案被立即送往中南海。

1950年6月23日，全国政协一届二次会议召开，林徽因被特邀参加了这次会议。会上，在毛泽东主席的提议下，全体代表起立，以鼓掌的方式通过了由梁思成、林徽因主持并设计的国徽图案。

当掌声在大厅里响起的时候，林徽因激动得热泪盈眶。她病弱的身体，已无力从座位上站立起来答谢了。政协会议之后，他们又对国徽细节做了一些技术上的修改，由高庄把平面国徽雕塑成立体模型。

1950年9月20日，中央人民政府毛泽东主席，发出了公布国徽图案的命令：

中国人民政治协商会议第一届全国委员会第二次会议提出的中华人民共和国国徽图案及对该图案的说明，业经中央人民政府第八次会议通过，特公布之。

此令。

主席毛泽东
1950年9月20日

中华人民共和国成立后的第二个国庆日，病骨支离的林徽因，由梁思成、莫宗江陪同来到金水桥头。仰望着天安门城楼上悬挂的国徽，林徽因的泪水模糊了双眼，这是她用自己的才华捧出的辉煌。

1949年秋天，毛泽东主席为人民英雄纪念碑的奠基填了第一抔土。1952年，梁思成和刘开渠主持设计人民英雄纪念碑，林徽因设计的须弥座，冥冥之中让她结下了一段佛缘。

夜色朦胧，灯下，林徽因看见丈夫梁思成正躬身设计一幅图，那是他按照党中央的要求，设计革命历史象征——人民英雄纪念碑，以追念在中国共产党领导的历次革命运动中牺牲的先烈。她将手中的一杯茶放在桌上，和梁思成一样冥思苦想：这座人民英雄纪念碑应该是什么样子呢？一座塔？一个亭子？

沿着中国五千年建筑史的思路，他们夫妻二人热烈地讨论起来，仿佛穿越了无尽木质结构的建筑丛林，穿越了西方建筑特色，以及那些建筑的斑斓色彩和背景，渐渐地清晰了构想。林徽因和梁思成把它定位成一座中国石头纪念碑。他们的建议说动了设计小组。由于在巨大的天安门广场中，因此碑体不能太小，梁思成设想了一个和城门相配的高度。

林徽因被任命为人民英雄纪念碑建筑委员会委员，卧病在床的她抱病参加设计工作。她在起居室兼书房里，安放了两张绘图桌，与助手关肇邺一起，根据云冈石窟的卵与尖形图式设计碑体基座。

梁思成每天奔走于城里和清华园之间。早晨，他在上班之前会先与林徽因共同制订一天的工作计划，由助手关肇邺执笔，随时拿到林徽因的病床前请她指导。在这个具有历史意义的宏大设计中，林徽因担任着纪念碑须弥座装饰浮雕的设计。她的设计精益求精，从总平面图规划到装饰图案纹样，她一个图案一个图案地分析，仔细斟酌，认真推敲，反复研究。每绘一个图样，都要逐级放大，从小比例尺全图直到大样，并在每个图上绘出人形。她的设计风格借鉴了唐代绘画风韵，很好地塑造了为全中国解放献身的革命烈士的英雄形象。

林徽因认为：

> 盛唐文化是中国历史上的华彩乐段，显示着时代风貌和社会形态。"霓为衣兮风为马，云之君兮纷纷而来下。虎鼓瑟兮鸾回车，仙之人兮列如麻。"这是何等气派！任何艺术从气势和风度讲，显然应该和社会时代相一致。秦汉雕塑以阳刚之美为主，体现了积极进取的生命力量，而唐代雕塑则刚柔并济，同时吸收了南朝文化的精致、细腻、华美的自然灵气。秦汉雕塑在空间造型上讲究体积的庞大、气势的充沛，以大为美，以充实为美。而唐代雕塑则是浑厚中有灵巧，粗犷中有妩媚，豪放中有细腻，凝重中有轻盈。秦汉雕塑表现为物质世界的扩张和征服，唐代雕塑同时还讲这种扩张和征服与内心世界的刻画相统一。唐代雕塑代表着完满、和谐，在"比

德"和"畅神"方面都做出了努力，基本上完成了中国古代文化艺术的结构体系。这些正是我们要借鉴的。唐代艺术具有与欧洲文艺复兴类似的人文主义特点，能更好地表达人民对英雄的歌颂与怀念。

林徽因对英雄纪念碑的设计投入了所有的热情，仅仅两个月的时间，她和助手关肇邺就画了数百张图案。经过精挑细选，最后选定了以橄榄枝为主体的花环设计。林徽因在选择装饰花环的花卉品种上，费尽了心思，最后选择了牡丹、荷花和菊花三种花，象征着高贵、纯洁和坚韧。须弥座正面设计一主两从三个花环，侧面为一个花环，同基座的浮雕相互照应，那是中国传统的纪念性的符号，如同一组上行的音阶，把英雄的乐章推向高潮。

1953年，林徽因参与了景泰蓝抢救工作。同年8月3日，由中国文物学会、北京市文物局联合主办的《京华国粹——景泰蓝精品展》在北京艺术博物馆与公众见面，在六十件（套）难得一见的景泰蓝艺术精品中，最吸引观众的是一组由著名建筑学家林徽因参与指导、设计的作品。

新中国成立初期，为抢救濒临灭绝的景泰蓝，梁思成和林徽因在清华大学营建系成立了抢救景泰蓝美术小组，带领组员常沙娜、钱美华、孙君莲、莫宗江深入珐琅作坊，设计出很多景泰蓝的纹样、图案。本次展览的一大亮点正是由林徽因指导设计、由常沙娜创作的一组铜胎掐丝珐琅卷草纹烟具，其造型新颖，色彩鲜明别致，是景泰蓝传统工艺实用化的经典之作。

生命夏花般灿烂

1953年，林徽因完成了景泰蓝抢救工作以后，本来就疾病缠身的她又一次病倒了，病魔一点点地抽去她生命的热度。当寒冬来临，她的病情越加沉重，而且特别怕冷，室内温度一低，一场感冒都会让她病势加重，药物似乎没有了作用。梁思成每天工作后，总是乐呵呵地出现在林徽因面前，给她端水、拿药、打针，扮演着护士、知心人、安慰者、爱人等角色，无微不至地照顾着爱人。林徽因家里生着几个火炉子，梁思成每天穿梭在火炉之间，一铲一铲填着煤块，他怕林徽因冷。而他自己也患着骨髓灰质炎，常年穿着铁背心，却东奔西走地为林徽因买药找医生。

林徽因在生命的最后几个月，依然工作着，她的生命如夏花般灿烂，循着摇曳的节奏，在岁月的风中凝视，盛开的姿势，闪着圣洁的光芒。

同年十月，中国建筑学会成立，梁思成被推举为副理事长，林徽因被选为理事。他们夫妻二人还兼任了建筑委员会委员。

病重的林徽因，生命仍如火焰在摇曳，她特别希望北京这"都市计划的无比杰作"能够得以实现，让作为当时全世界仅有的完整古城保存下来，成为一个"活着的博物馆"，留给后人。那是她和丈夫梁思成终其一生所追求的古建筑研究与保护的事业。但是，世界上的很多事情是不以人的意志为转移的，他们美好的愿望终究没有实现。不久，北京开始大规模地拆除古建筑。为了挽救四朝古都仅存的一些完整牌楼街，使其不致毁于一旦，梁思成和时任北京市副市长的吴晗发生了激烈的争论，梁思成被气得当场失声痛哭。更令他难过的是，北京仅存的四十六米长的明清城墙也将被拆毁。这段明清城墙曾被林徽因称之为"世界的项链"。

林徽因对古建筑充满了热爱，早在 1935 年，她曾写过一首诗《城楼上》：

……
你爱这里的城墙，
古墓，长歌，

蔓草里开野花朵。

……

那优美的诗句让人看到她对古建筑的热爱，如同一束燃烧的火焰，深情地跳动。

对于北京这四十六米明清城墙，林徽因有个绝妙的构想，那就是让城墙承担北京城的区间隔离屏障，同时变外城墙和城门楼为人民公园，顶部平均宽度约十米以上的城墙可砌花池，栽种花木；双层的门楼和角楼可辟为陈列馆、阅览室、茶点铺，供市民休息娱乐、游戏纳凉。她甚至专门为这幻想的世界独一无二的"空中花园"设计画出了美妙绝伦的草图。她不会想到，她的构想注定只是纸上梦想。北京市的规划无情地拆毁了城墙、城楼这些"土石做成的史书"，这对林徽因的打击是非常大的。

梁从诫在《倏忽人间四月天——回忆我的母亲林徽因》一书中有这样的描述：

五百年古城墙，包括那被多少诗人画家看作北京象征的角楼和城门，全被判了极刑。母亲几乎急疯了。她到处大声疾呼，苦苦哀求，甚至到了声泪俱下的程度。……然而，据理的争辩也罢，激烈的抗议也罢，苦苦的哀求也罢，统统无济于事。

林徽因和梁思成保护北京古建筑和历史文化遗产的努力，被拆迁扬起的灰尘所淹没，他们悲哀地看着那些城砖被用作修房子、铺道路、砌厕所、建防空洞。在一次文化界的酒会上，林徽因竟在大庭广众之下怒斥吴晗："等你们有朝一日认识到文物的价值，却只能悔之晚矣，造假古董罢了。"四十年后，历史验证了她的预言，20世纪90年代末，北京市开始修缮一小部分破损的明清城墙，整个北京掀起了捐献旧城砖的活动。

1955年春，建工部召开了设计和施工工作会议，各部、局的领导和北京市委宣传部门的负责人参加了这次大会。会上，对近年来各报陆续披露的基本建设中的浪费情况和设计中的"复古主义""形式主义"的偏向，进行了激烈的讨论和批判。这次会上，林徽因和梁思成撰写的《平郊建筑杂录》也成了复古主义的批判典型，一批再批。继而，对"以梁思成为代表的资产阶级唯美主义的复古主义建筑思想"的批判，在全国范围内开始了。梁思成和林徽因充满了困惑和不解。

十多年后，梁思成回忆说：

> 40年代末，我在美国考察时，国际上新建筑理论又有了发展，我深感我国在建筑理论上的落后。回国后，我把这些理论贯彻到教学中去。但50年代初在开展爱国主义思想教育运动中，批判崇美思想，把这些新建筑理论和我修订的教学计划，统统算在美帝的账上给批掉了。
>
> 我第一次看到莫斯科大学建筑系的教学计划和教学大纲时感到十分吃惊，因为它仍旧是沿袭巴黎美院学院派的传统教育体制。但是当时正是学习苏联高潮，认为苏联的经验都是先进的，便把它照搬了过来。
>
> 当时，我也深感不解，怎么斯大林提出的民族的形式、社会主义内容的建筑和我二十年代在宾大所学的那一套完全一样？我自己的解释是：苏联建筑与欧美折中主义建筑之不同，主要在"内容"上。但是在建筑上"社会主义的内容"和"资本主义的内容"究竟有何区别，我之所以说不清，是因为我不懂得什么是社会主义，将来我懂得什么是社会主义时，自然就会懂得什么是社会主义内容了。

我学习了毛主席的《新民主主义论》，对于新民主主义的文化应是"民族的形式，新民主主义的内容"这一提法，感到很受启发。我想我们新中国的建筑也应该是具有"民族的形式，社会主义的内容"。认为我过去研究的那些古建筑，它们的形式就是"民族形式"，至于"社会主义的内容"，则我既不了解什么是社会主义，也说不清在建筑中哪一部分才算是"内容"。这一直是梗在我心中的一个问题。

还有一个使我从心底信服苏联的"民族形式"理论的重要原因，就是莫斯科的美。

那统一考虑的整体，带有民族风格美丽的建筑群，保护完整的古建筑。再和英美城市的杂乱无章相比，使我深刻体会到社会主义的优越。所以我也就努力学习苏联，提倡"民族形式"——"大屋顶"了。

我承认，在我所受的教育中，"形式主义""唯美主义"的思想影响很深。但是在30至40年代我是反对普遍建造"大屋顶"的，为什么到了50年代，反而积极提倡搞"大屋顶"呢？我想有两个原因：在客观上受当时"学苏""一边倒"的国策影响。……主观原因则是我从事多年的古建筑研究，对古老的建筑形式有很深的偏爱，认为人们反对"大屋顶"，是因为他们缺少文化历史修养，有"崇洋"思想。

一场又一场的批判会，让林徽因和梁思成的精神受到很大的打击。他们痛苦不堪，可以说，林徽因是带着对古城墙的无限眷恋和遗憾而逝去的。

岁月如梭，转眼几十年过去了，人们是否还记得她为中国建筑史做出的杰出贡献？是否还记得她为保护古建筑而付出的满腔热忱？

看似柔弱的林徽因，实则好强如铿锵玫瑰。卧病在床的日子，却成了她创作的最佳时光，没有什么可以让她屈服，她手中的那支笔，仿佛春天农人手中的犁，让土地翻卷着黄色的浪花。

1952年，林徽因应《新观察》杂志之约，在极短的时间里撰写了《中山堂》《北海公园》《天坛》《颐和园》《雍和宫》《故宫》等一组介绍我国古建筑的文章。

1954年6月，林徽因当选为北京市人民代表大会的代表；8月初，《北京日报》刊登了她的生平简历；10月，林徽因当选为建筑学理事，并任《建筑学报》编委，后又被邀请参加了第二届文代会。不幸的是，秋天的时候，寒风乍起，她的病情加重了。

为了方便治疗，梁思成在京城里租了间房子，并带她在陈占祥家里小住过。不久，林徽因病情恶化，住进了同仁医院。春天来临后，她的病情更加严重了。倍受煎熬的她，还在写诗歌和修改文章，那是她纯真优雅的灵魂，对社会无私的馈赠，似飞鸿踏雪泥，时光不复昨，且留雪中景。

病重的林徽因依旧情趣盎然，她的书桌上始终有一束含苞待放的鲜花。看着它绽放和凋零，她起身，忍着病痛，把凋零的花瓣一片片地收集到一只玻璃瓶里。她的表情坦然，并没有黛玉葬花的悲伤。也许，她在花瓣残存的暗香里，体会着人生从繁花似锦到色尽败落的过程。倏忽间，有着五千年灿烂文化的清香，悠然飘来。

秋叶般的静美

岁月如歌，人生好梦。月圆月缺，总有份残缺要守。

林徽因的病情加重了，远在上海的大表姐来看望她，当两个人双手相握时，林徽因的脑海里立即浮现出她童年时和大表姐在一起的情景。年长她八岁的表姐和她一起在上海的爷爷家中长大，表姐有着明亮的眸子，胖胖的脸上总是挂着微笑，让她感到亲切。爷爷去世后，她和大表姐分开，跟母亲去了北京。后来，二娘生病去北京治病，父亲太忙，就请大姑姑来料理家务，大表姐也跟着来了，两个人一起听家庭教师陈先生的课。现在，她又一次见到大表姐，感觉几乎认不出来了，那苍老的面容让她感叹人生易老。这个时候的她被病魔折磨得形销骨立，那曾如火焰般的眸子黯淡了，如一朵寒风中的莲花，摇曳着最后的顽强。

1954年10月，林徽因写信给远在大洋彼岸的费慰梅，诉说着自己的病情：

> 我还是告诉你们我为什么又来住院吧。别紧张。我是来这里做一次大修。只是把各处的零件补一补，用我们建筑业的行话来说，就是堵住几处屋漏或者安上几扇纱窗。昨天傍晚，一大队实习医生、年轻的住院医生，过来和我一起检查了我的病历，就像检阅两次大战的历史似的。我们起草了各种计划（就像费正清时常做的那样），并就我的眼睛、牙齿、双肺、双肾、食谱、娱乐或哲学建立了各种小组，事无巨细包罗无遗，所以就得出了和所有关于当今世界形势的重大会议一样多的结论。同时，检查哪些部位以及什么部位有问题的大量工作已经开始，一切现代技术手段都要用上。如果结核现在还不合作，它早晚是应该合作的。这就是事物的本来逻辑。

林徽因手术的前一天，胡适、张奚若、刘敦桢、杨振声、沈从文、陈梦家、莫宗江、陈明达等许多朋友来医院看望她，她用尽最后的力气注视着梁思成和前来看望她的朋友们。梁思成扑上来，拉着她的手，默默相对，哽咽无语。

一位秀气美丽的小护士走过来，含泪告诉梁思成，林阿姨要进手术室了。梁思成在张奚若等人的搀扶下站起身来，林徽因冲他淡淡地一笑，那笑容里满是对他的宽慰。林徽因自从病倒住院后，都是小护士陪伴在侧，给她打针，给她送药，生活起居，她都想得周到，照顾得周全。有时候给她打完针，小护士还会为她唱支歌。有一天，小护士为她打完针，林徽因说："今天阿姨为你唱支歌吧，就唱《祝你生日快乐》。"小护士才想起今天是自己的生日。当时，同仁医院的医生和护士都知道，他们这里住着一位特殊的病人，她是市人大代表、政协委员，又是著名的建筑学家、作家和诗人。她坚强地面对自己的肺病，无论治疗多么苦痛，她都努力配合着。林徽因在病魔面前，始终表现的是大无畏的精神——豁达、乐观、积极、向上。

尽管无情的病魔时时在折磨着她，但她的心依然充满着诗情画意。她的床头有几本诗歌集，《拜伦诗选》是她最喜欢的一本。寂寞或者难受的时候，她就开始吟诵那些诗句：

> 这午夜的春宵再也不能希冀以往的宁静，
> 就好像常春藤的枝叶覆盖着倾圮的楼阁，
> 外表看来葱翠而清新，里面却灰暗而残破。
> 哦，但愿我所有从前的感觉，或者复归往昔，
> 但愿我还能对许多一去不返的情景哭泣；
> 沙漠中的泉水尽管苦涩，但仍极为甘美，
> 呵，在生命的荒原上，让我流出那种眼泪。

当她没有力气翻书了，就把手放在书本上，是想从书中汲取一切力量吗？

那一日，她费尽了力气给费慰梅写信，信中语句充满了诀别的意味："再见，我最亲爱的慰梅。要是你忽然间降临，送给我一束鲜花，还带来一大套

废话和欢笑该有多好。"

手术后，林徽因在修养的日子里，依然读诗，有时也整理诗稿。看着镜子里自己憔悴不堪的模样，她似乎感觉到自己的生命已如落山的夕阳，于是更是加紧地做事。不久，她又住进了医院，躺在病床上艰难地咳嗽喘息，并整夜失眠，瘦得皮包骨一样。每当有朋友来看望她，她苍白得没有一丝血色的脸，还是艰难地绽开微笑。不久，梁思成也因肺结核住进了医院，虽近在隔壁，两个人却不能见面相互安慰，每天只能通过送药的护士传递纸条，互致问候。梁再冰和梁从诫姐弟两人请假轮流来医院照顾他们。

那一天，林徽因突然提出要见张幼仪的要求。为什么在生命的最后，提出这样的要求，谁也不好妄自猜测，这恐怕只有林徽因自己最清楚了。后来，张幼仪在自传里说："一个朋友来对我说，林徽因在医院里，刚熬过肺结核大手术，大概活不久了。连她丈夫梁思成也从他正教书的耶鲁大学被叫了回来。做啥林徽因要见我？我要带着阿欢和孙辈去。她虚弱得不能说话，只看着我们，头摆来摆去，好像打量我，我不晓得她想看什么。大概是我不好看，也绷着脸……"

预感大限将至，林徽因用尽力气对护士说："我要见见梁思成！"

护士说："夜深了，明天再说吧。"

花开花落总有时。1955年4月1日6时20分，林徽因没有等到梁思成，在那弯还没有隐没的残月的陪伴下，翩然辞世，走完了她五十一岁的生命历程。

在她离去的前一天，是她和梁思成结婚二十七周年纪念日，之所以选择这天作为婚期，源于这一天是宋代《营造法式》的作者李诫刻在碑上的日子。为了纪念这位中国历史上最伟大的建筑师李诫，他们给儿子起名从诫。这个日子，竟然成为林徽因生命中最后的一个夜晚。

难道冥冥中，上苍也是因为林徽因和中国建筑史的不解之缘才这样安排的?

生如夏花之绚烂,死如秋叶之静美。

十年前,医生就告诉梁思成,林徽因将不久于人世,最多也就三五年光景。林徽因却硬是熬过了十年!这十年,虽然大部分是在病榻上度过的,但她却在中国古代建筑的研究上取得了巨大成就,成为现代中国最早的女建筑师、教育家,还在文学创作上佳作频频,成为现代文坛上不可缺少的风景。她以非凡的毅力创造了属于自己的神话和传奇,用乐观和诙谐感染着人,用知识和思想教育着人,最后才优雅地翩然离去。就像一朵凋零在初春的花朵,暗香四射,魅力无限,化作春泥更护花。

1955年4月2日,《北京日报》刊登讣告,治丧委员会由张奚若、周培源、钱端升、钱伟长、金岳霖等十三人组成。4月3日,林徽因的追悼会在金鱼胡同贤良寺举行。金岳霖和邓以蛰教授送去的挽联异常醒目:"一身诗意千寻瀑,万古人间四月天。"林徽因的女儿梁再冰和儿子梁从诫向同仁医院的医生和护士致谢,感谢他们为了挽救母亲的生命所做出的努力。

林徽因的遗体被安放在八宝山革命公墓。整座墓碑是梁思成亲手设计的,墓身没有铭文,由人民英雄纪念碑建筑委员会负责修建。同时,他们还将林徽因生前为纪念碑的饰雕刻样移在她的墓碑上,碑的上方刻着:"建筑师林徽因之墓。"

梁思成把对林徽因的爱深深地埋藏在心底,他拼命地工作,是要代替林徽因完成他们未完成的梦想吗?

林徽因就像江南荷塘那朵圣洁无尘的白莲,梁思成去哪里能寻找得到她?亲爱的你呀,早已化作了人间四月天的一朵云烟,一身洁白素衣,走出春天的长巷,和时光一起飘然而去。

林徽因带着无可比拟的精彩和无奈离开了,但她留给世人的仰望和追忆,就像她清丽的笑容,镶嵌在人们的心里。

绝顶聪明的灵魂独唱

林徽因是中国第一位女建筑学家,她在建筑研究领域的建树和梁思成一样突出,在中国建筑业,一直是梁、林并称;她又是诗人和作家,在文学创作中表现出了非凡的才华,是中国文坛的一道独特的风景线,曾被胡适誉为中国一代才女。20世纪30年代初,她与夫婿梁思成用现代科学方法研究中国古代建筑,成为这个学术领域的开拓者,后来在这方面获得了巨大的学术成就。在中国现代女作家中,林徽因是极有天赋、极具个性、极为独特的一位,她在建筑学上的卓越成就也一直是研究者所关注的话题,深受后人尊敬。

林徽因一生著有散文、诗歌、小说、剧本、译文和书信等,代表作有《你是人间的四月天》《莲灯》《九十九度中》等。其中,《你是人间的四月天》最为大众熟知,广为传诵。

其实,她的每一篇文章、每一首诗歌,都是她绝顶聪明的灵魂独唱。

纵观世界历史,中国古代先贤、欧洲文艺复兴时期的巨人,大多能驰骋于艺术与科学两个领域,甚至在某一成果中同时放射两大领域的光辉,林徽因秉承的正是他们的遗风。

林徽因且行且歌,经得起繁华,归得起平淡,心无所惧,随遇而安,她的大部分诗歌和文章,都是病中所作。她的清如秋水、心若莲花,让她的诗文清丽、隽永,就像一朵青莲绽放后的暗香浮动。她终究把一生的流离,演绎成绝代风华,仰止当世,关照来人。

1931年春,林徽因因病移居北平西郊香山疗养,住在静宜园双清别墅附近的一排平房里。病中的她坐看云起云落,思维活跃,诗文频出,可以说,每一篇诗文都是她灵魂的独唱。堂弟林宣上山看望病中的林徽因。他说,那排平房落在斜坡上,房前一条走廊。林徽因住第一间,她的母亲住第二间,女儿在第三间,第四间用作厨房。梁思成平日在城内,周末开车接他们回家过礼拜天。也就是在这个时候,她开始了文学创作。也许,静心养病期间,她有了较多的时间阅读她喜爱的文学书籍,同时,思考会带来更多的灵感。每当夜晚来临,灯下,她一卷在手,焚一炷香,披一袭洁白的睡袍,沐浴着溶溶月色,诗文就从笔下涓涓流出。

林徽因最早发表的诗歌有《谁爱这不息的变幻》《仍然》《那一晚》等。她的诗歌,在起点上很是不同凡响,虽未完全摆脱个人的失意情怀,但落笔却升华到形而上的感叹,蕴含哲理的意味。与时下抒写个人失意、过分胶着于具体生活印痕的女性诗人的作品不同,林徽因笔下有着日月星云、峰峦江海的意象,让她的诗作气魄雄浑,把所有的失意婉约成一抹诗意,尽享人间风景。

林徽因早期受新月派影响写过一些浪漫主义抒情诗,精练含蓄、玲珑剔透,却也热情奔放。如发表于1931年四月《诗刊》第二期的《谁爱这不息的变幻》就体现了这样的特点。这首诗并没有多少痛苦忧伤的影子,而只是间接地表达了作者对世事无常的感悟。这种感悟是通过一系列感觉意象的合成来实现的。这些意象涉及"急雨""云霞""日影""花放蕊树凋零,娇娃做了娘""河流凝成冰雪""都市喧哗,再寂成广漠的夜静""恋爱的消失,死亡的痛"等。这种表现手法是林徽因诗歌的一个很大的特点。

五年后,林徽因在《大公报·文艺副刊》上发表了一篇《究竟怎么一回事》的随笔,集中阐述了她对诗歌和写诗过程的看法:

> 写诗,或可说是要抓紧一种一时闪动的力量,一面跟着潜意识浮沉,摸索自己内心所萦回,所着重的情感——喜悦,哀思,忧怨,恋情,或深,或浅,或缠绵,或热烈;又一方面顺着直觉,认识,

辨味，在眼前或记忆里官感所触遇的意象——颜色，形体，声音，动静，或细致，或亲切，或雄伟，或诡异；再一方面又追着理智探讨，剖析，理会这些不同的性质，不同分量，流转不定的情感意象所互相融会，交错策动而发生的感念；然后以语言文字（运用其声音意义）经营，描画，表达这内心意象，情绪，理解在同时间或不同时间里，适应或矛盾的所共起的波澜。

……

写诗究竟是怎么一回事，真是惟（唯）有天知道得最清楚！读者与作者，读者与读者，作者与作者关于诗的意见，历史告诉我传统的是要永远地差别分歧，争争吵吵到无尽时。因为老实地说，谁也仍然不知道写诗是怎么一回事的，除却这篇文字所表示的，勉强以抽象的许多名词，具体的一些比喻来捉摸描写那一种特殊的直觉活动，献出一个极不能令人满意的答案。

这样清晰的现代诗歌的观念和实践，在20世纪30年代的中国无论如何都算是很难得的，这就解释了为什么林徽因的诗歌创作没有成型期，而是能一出手就是杰作。这种诗歌观念用钱锺书后来采用的波德莱尔的观点来说，就是利用通感。这一点在林徽因同年发表的《题剔空菩提叶》中有了更纯熟的体现：

认得这透明体，
智慧的叶子掉在人间？
消沉，慈净——
那一天一闪冷焰，
一叶无声的坠地，

仅证明了智慧寂寞
孤零的终会死在风前！
昨天又昨天，美
还逃不出时间的威严；
相信这里睡眠着最美丽的
骸骨，一丝魂魄月边留念，——
……
菩提树下清荫则是去年！

  林徽因的这首诗里有一个显著的特点，是创造了意象而不是采用写实的手法，如"那一天一闪冷焰""骸骨，一丝魂魄月边留念"，都属于王国维在《人间词话》中所说的理想之境而非写实之境。这种直抒胸臆的抒情和比喻、象征的表现手法，是她在用抽象的办法来表现抽象的理念，确实高人一筹。她的诗歌，很大一部分是爱情诗，都是用这种方法写成的。

  在《究竟怎么一回事》一文中，林徽因说"无论什么诗都从不会脱离过比喻、象征，或比喻象征式的语言"，同时又"无疑地，诗的表现必是一种形象情感思想合一的语言"。

  《那一晚》发表在1931年4月的《诗刊》第二期，在这首诗里"推出河心的船"被比喻为自己的感情，在以后爱情的表达中全部都由这条船的意象来代言。在这首诗里，读者会被那典型的新月派主张的诗歌的韵律和节奏所感动。

  林徽因的诗歌所特有的音乐节奏，绝非一般人所能驾驭。从她的《你是人间的四月天》就可以很清楚地看到她的节奏美。她用人间的四月天这样的意象及象征比喻的手法来表达她的赞美，有令人痴迷的音乐性，不落窠臼，情感的抒发热情而饱满，表现手法现代而新潮。这说明她对文艺理论有很清楚的了解，把握和驾驭文字的能力很强，她对理论的认识，也常和她的写作实践相一致，和浪漫主义者主张诗歌表达灵魂、象征主义者力求图解抽象观念和情绪不同，林徽因认为艺术本身的完美在它的内部。美才是她诗歌的终极追求。她的田园诗就很好地体现了这种追求。如下面两首诗：

时间

　　人间的季候永远不断在转变，
　　春时你留下多处残红，翩然辞别，
　　本不想回来时同谁叹息秋天！

　　现在连秋云黄叶又已失落去，
　　辽远里，剩下灰色的长空一片，
　　透彻的寂寞，你忍听冷风独语？

雨后天

　　我爱这雨后天，
　　这平原的青草一片！
　　我的心没底止地跟着风吹，
　　风吹：
　　吹远了香草，落叶，
　　吹远了一缕云，像烟——
　　像烟。

　　林徽因的田园诗表现了她的文学审美，有限的诗行含蓄、凝练，却蕴藏着丰富的生活内涵，有一种美的意境和淡淡的悲悯情绪，有陈子昂的"念天地之悠悠，独怆然而涕下"的意境。这两首诗虽然短，却在寥寥数行里凝缩了尽可能多的内容：季节的变化、残红、秋云、黄叶、冷风、独语、雨后天、香草、落叶，还有云烟……不是冗长的铺叙，而是虚实相间，既有精巧的韵外之韵，又有诗的内在韵味。这都表现了诗人语言和表现手法的功力。

林徽因的田园诗不是自然的直接描述，也不是凭空想象的理想之境，而是合乎自然意象和情绪的一种完美的艺术之境。她的诗歌《八月的忧愁》在情绪和意象上构造出一种无奈和深思，让我们惊喜地看到林徽因诗歌的超前性和永久的艺术魅力。

> 黄水塘里游着白鸭，
> 高粱梗油青的刚高过头，
> 这跳动的心怎样安插，
> 田里一窄条路，八月里这忧愁？
>
> 天是昨夜雨洗过的，山岗
> 照着太阳又留一片影；
> 羊跟着放羊的转进村庄，
> 一大棵树荫下罩着井，又像是心！
>
> 从没有人说过八月什么话，
> 夏天过去了，也不到秋天。
> 但我望着田垄，土墙上的瓜，
> 仍不明白生活同梦怎样的连牵。

《八月的忧愁》发表于1936年。此诗除了表达恬淡的心境和闲情逸致外，也抒发了作者对命运、生活的思考和难以言说的幽怨。"不明白生活同梦怎样的连牵"一句即透露了诗人的愁思之深：浪漫的理想与现实的落差为什么竟有如此之大？在平静的叙述中，我们看到了在安静、幽美的田园风光背景下，潜藏着诗人深深的思考和难以解脱的愁绪。这种思考，表现了女性生命意识觉醒时的苦恼与焦虑。面对生活的困顿与烦琐，女性的微弱和无力、落寞和无奈，在诗中得以淋漓尽致的表达。这种困惑、烦闷的表达是含蓄、节制的，平静而委婉地道来，具有古典诗词中的"幽怨"情致。

诗中，林徽因运用了"水塘""鸭""高粱"等传统山水田园诗中的经典意象，组合构建了平静、寂寥的乡村生活场景。悠闲、自在的田园生活背景下，作者有着并不平静的心境，甚至这"跳动的心"竟无法安插"田里一窄条路，八月里这忧愁"，可见苦闷至极。但林徽因的诗歌充满了正能量，她的诗歌对"愁"不放纵，引起高潮后，诗歌的情绪开始渐渐平静、舒缓下来。"雨洗过的天""山岗""转进村庄的羊"等意象的组合，再次展现恬静的乡村景象。诗人似乎想以生活场景的平静，来掩盖住内心的苦闷与躁动，却又有"井"的意象出现，"……井，又像是心"。这又是一种挥之不去的"愁绪"，反反复复，高潮迭起。

这是林徽因诗歌的显著特点，就像戏剧的高潮，触景即生情，暗示了忧愁的难以释怀，而且不张扬、不纵容这种愁绪。

接下来，诗人并不直接表述自己的幽怨，"从没有人说过八月什么话"，以暗示的方式表达作者对八月的某种不满和无奈。"夏天过去了，也不到秋天"，让我们看到了在时间煎熬下的貌似淡然而持久、幽深的无奈和难以解脱的焦虑。虽受煎熬、迫不及待，但诗人却用"望着田垄，土墙上的瓜"这样的诗句来彰显自己的期望。无疑，这样的诗句是积极的，充满希望的。

到20世纪40年代末，林徽因的诗，感情更加真挚，在表现手法上，更加注重节奏感和音乐性，下面这首《一串疯话》可以略见一斑。

好比这树丁香，几支山红杏，
相信我的心里留着有一串话，
绕着许多叶子，青青的沉静，
风露日夜，只盼五月来开开花！

如果你是五月，八百里为我吹开
蓝空上霞彩，那样子来了春天，
忘掉腼腆，我定要转过脸来，
把一串疯话全说在你的面前！

林徽因是早期运用通感写诗的诗人之一，如她的诗歌《笑》：

轻软如同花影，
痒痒的甜蜜
涌进了你的心窝。

这里，"轻"是内感觉中的肌体觉，"软"是肤觉中的触觉，"花影"则是视觉了，"痒痒的"属于肤觉，"甜蜜"是味觉，而"心窝"则是内感觉。短短的三行诗，竟有这么多的感觉挪移和沟通，微妙地抒写了诗人的思想感情。林徽因的诗歌，通感的使用成为诗歌的有机组成部分，为她的诗歌意境服务。

林徽因的诗歌，吟咏最多的还是直接抒发人生感受的作品。她常常会记录一个细小的生活画面，如《静坐》《风筝》《藤花前》和《山中一个夏夜》，它们不是生活琐屑的简单描摹，而是能让读者从中咀嚼出人生的诸多况味。

她有时会记录一缕难以言说的思绪，如《昼梦》《题剔空菩提叶》和《八月的忧愁》，而诗人看似抽象的思绪又总附着在形象的画面上，让人分不清到底是生活的记录还是思绪的表达。最典型的莫如《中夜钟声》一诗：

钟声
敛住又敲散
一街的荒凉。
听——
那圆的一颗颗声响，
直沉下时间
静寂的
咽喉。

像哭泣，
像哀恸，
将这僵黑的
中夜
葬入
那永不见曙星的
空洞——

轻——重，……
——重——轻……
这摇曳的一声声，
又凭谁的主意

把那剩余的忧惶

随着风冷——

纷纷

掷给还不成梦的

人。

　　林徽因写诗，常常抓住人生一瞬，营造出浓浓的伤怀氛围，感人至深。忧惶人所见的夜自然荒凉，荒凉的夜引得人愈加忧惶。整首诗情景交融，很有意境，近乎王国维所述的"不隔"的标准。她的这首诗歌采用"阶梯式"的写作手法，这种手法在20世纪30年代的中国诗坛很是盛行。

　　沈从文写于1938年的《谈朗诵诗》说到诗歌形式问题，已经提到20世纪30年代的中国诗坛，"或模仿马雅可夫斯基的体裁的诗歌，两字组成梯级形的新体裁，盛行一时"。这篇文章批评"革命诗"的同时也赞赏了林徽因，人们猜想林徽因可能是读过马雅可夫斯基的。

　　林徽因的诗基本上全是独语与自我对话。她原不是为发表而写，发表只是应付编辑朋友的索讨。如她在《十一月的小村》里，有这样一句诗："我想象我在轻轻地独语。"

　　也许，所有的诗人都多愁善感，林徽因也一样，独处的寂寞，让她异常善感，也异常多愁。她说："没有情感的生活简直是死！"她追求完美的生活质量，而现实总是布满缺陷，情绪难免沮丧，"寂寞"这个词反复出现在她的诗里，却呈现得那么凄美动人。秋天来了，她的灵魂在感慨中悸动，于是，就有了感秋的诗：《秋天，这秋天》《给秋天》《红叶里的信念》《十月独行》。她还有不少诗篇虽没有将秋怀反映在题目上，但说的还都是秋天的话。

　　林徽因的诗歌大都短小，写给秋天的诗却相对较长。《秋天，这秋天》

七十余行,《红叶里的信念》整一百行,算是她现存最长的两首作品。(梁从诫先生说,林有一首遗失的长诗《刺耳的歌声》,不详其篇幅。)当时,她患有肺结核,这在当时是不治之症,或许她觉得自己提前进入了人生的秋天,已经来日无多了。但林徽因又不愿意承认自己到了人生的秋季,她坚信自己的才华,亟待有一次秋的丰收。那信念正像诗里写的:

  但心不信!空虚的骄傲
  秋风中旋转,心仍叫喊
  理想的爱和美,同白云
  角逐;同斜阳笑吻;同树,
  同花,同香,乃至同秋虫
  石隙中悲鸣,要携手去;
  同奔跃嬉游水面的青蛙,
  盲目地再去寻盲目的日子,——
  要现实的热情另涂图画,
  要把满山红叶采作花!

这才是林徽因诗作中最令人感佩的思绪。她珍爱生命,但决不苟且。她写道:

  如果我的心是一朵莲花,
  正中擎出一支点亮的蜡,
  荧荧虽则单是那一剪光,
  我也要它骄傲地捧出辉煌。
  ……

> 算做一次过客在宇宙里,
> 认识这玲珑的生从容的死,
> 这飘忽的途程也就是个——
> 也就是个美丽美丽的梦。

美丽的岂止是诗人的梦,同样美丽的是耽于这梦的心灵。

林徽因的诗歌,有着开阔的视野,不拘泥于个人情感的低吟浅唱,她的野外考察经历、她素来具有的人文精神,使她的笔墨可以驰骋于旷野、大地、高山和河流。为追寻那一抹美的灵光,她在纷呈的世相中,步步生辉,寸寸庄严,行走中顿悟生命的纯美,让自己的诗歌成为一汪爱的泉水、一种醒悟和超脱。纵百般沧桑,心若安好,便是晴天。

林徽因现存的诗篇仅六十余首(林徽因生前没有出版过诗集,直到1985年由陈钟英、陈宇两位先生搜集成册,初次出版了《林徽因诗集》,收入作品五十五首。2005年陈学勇编集的《林徽因文存》,共收诗歌六十七首),其中颇有一些叹息民众苦难的或描摹民众生活的作品,可惜它们没有得到读者以至研究专家应有的关注。例如《微光》:

> 街上没有光,没有灯,
> 店廊上一角挂着有一盏;
> 他和她把他们一家的运命
> 含糊的,全数交给这暗淡。
> 街上没有光,没有灯,
> 店窗上,斜角,照着有半盏。
> 合家大小朴实的脑袋,

并排儿,熟睡在土炕上。

外边有雪夜,有泥泞;

砂锅里有不够明日的米粮;

小屋,静守住这微光,

缺乏着生活上需要的各样。

缺的是把干柴;是杯水;麦面……

为这吃的喝的,本说不到信仰,——

生活已然,固定的,单靠气力,

在肩臂上边,来支持那生的胆量。

明天,又明天,又明天……

一切都限定了,谁还说希望,——

即使是做梦,在梦里,闪着,

仍旧是这一粒孤勇的光亮?

街角里有盏灯,有点光,

挂在店廊;照在窗槛;

他和她,把他们一家的运命

明白的,全数交给这凄惨。

简练的笔墨,抒发了诗人面对微光下苟延残喘的贫民的同情。诗歌以动人的力量,关注着下层人民的生活。

她还创作了《年关》《旅途中》《茶铺》《小楼》等诗篇,来反映人民大众的苦难生活。与林徽因同时期的众多女诗人,或为民众呐喊但流于粗制滥造,或于词句精雕细镂而忘却民生疾苦,她们的笔下真的鲜有林徽因这类以优美形式表现劳苦民众生活的精品。

林徽因的诗歌优美,但与柔媚无关;它坚韧,却远离刚烈。即使一首小诗，她也要写得玲珑精致，别有滋味，如《静坐》一诗，就是这样的珍品：

> 冬有冬的来意，
> 寒冷像花，——
> 花有花香，冬有回忆一把。
> 一条枯枝影，青烟色的瘦细，
> 在午后的窗前拖过一笔画；
> 寒里日光淡了，渐斜……
> 就是那样的
> 像待客人说话，
> 我在静沉中默啜着茶。

林徽因的诗，善于从很平常的生活里截取画面，哪怕是一个瞬间的静态，也能挖掘出诗意。林徽因以其细腻敏感的心，用诗歌去反映时代的风云。《六点钟在下午》是林徽因发表于1948年的诗歌，当代诗人邵燕祥偶然向人谈起这首诗，对方竟一下就能背出：

> ……
> 六点钟在下午
> 点缀在你生命中；
> 仅有仿佛的灯光，
> 褪败的夕阳，窗外
> 一张落叶在旋转！
> ……

这足以说明，林徽因这类绝句小令式的作品，有如"床前明月光"般脍炙人口。

林徽因曾以《新月》为发表诗作园地，她的诗歌，纯净、雅洁，绝对无染颓唐、轻浮以至偶尔的俗气。咀嚼人生的作品占了多数，更是多了一份思想的力度。她还把小说的白描手法用在诗歌里，用来素描场景、人物，予浓郁的诗意以生活画面的支撑，诗风又由此增添了几分清新。如果不算入选《新月诗选》的沈从文，新月诗人中就少有如林徽因这样同时擅写小说的作者了。

林徽因曾为自己编定过一本诗集，已经在1937年春天出版的《新诗》杂志上刊登了出版预告（尚未定书名）。或许因为正在野外的艰苦考察耽搁了编辑的进程，等到她归来的时候全面抗战已经爆发，她也由此错过了生前唯一一次出版诗集的机会，令人遗憾之至。后人经多方搜寻，终于在1985年印行了《林徽因诗集》，这离她立志出版诗集已将近五十年了，距她病逝也已过去整整三十年了。

林徽因的文学才华，使她有能力将容易枯燥乏味的建筑论文变得灵气生动、富有文采，有些篇章甚至是可以当作散文来阅读的。比如《晋汾古建筑预查纪略》的开头：

> 去夏乘暑假之便，作晋汾之游。汾阳城外峪道河，为山右绝好消夏的去处；地据北彪山麓，因神头有"马跑神泉"，自从宋太宗的骏骑蹄下踢出甘泉，救了干渴的三军，这泉水便没有停流过，千年来为沿溪数十家磨坊供给原动力，直至电气磨机在平遥创立了山西面粉业的中心，这源源清流始闲散的单剩曲折的画意。辘辘轮声既然消寂下来，而空静的磨坊，便也成了许多洋人避暑的别墅。
>
> 说起来中国人避暑的地方，哪一处不是洋人开的天地，北戴河，

牯岭，莫干山……所以峪道河也不是例外。其实去年在峪道河避暑的，除去一位娶英籍太太的教授和我们外，全体都是山西内地传教的洋人，还不能说是中国人避暑的地方呢。在那短短的十几天，令人大有"人何寥落"之感。

以汾阳峪道河为根据，我们曾向临近诸县作了多次的旅行，计停留过八县地方，为太原，文水，汾阳，孝义，介休，灵石，霍县，赵城，其中介休至赵城间三百余里，因同蒲铁路正在炸山兴筑，公路多段被毁，故大半竟至徒步，滋味尤为浓厚。餐风宿雨，两周艰苦简陋的生活，与寻常都市相较，至少有两世纪的分别。

梁思成稳重理性，有着严密的思维和踏实的精神，但在才情上，他却逊于其夫人林徽因。梁思成起草的文稿，每一篇都要经过林徽因的修改润色。那文章里，很多闪光的句子都是林徽因的点睛手笔。同行们不无夸张地说，林徽因去世后，梁思成再也没能写出先前那样精彩漂亮的文章了。

林徽因的眼光是建筑学家的，同时也是诗人。在她的笔下，即使坚硬冰冷的建筑物，也蕴涵着"诗情画意"。她说："无论哪一个巍峨的古城楼，或一角倾颓的殿基的灵魂里，无形中都在诉说，乃至于歌唱，时间上漫不可信的变迁；由温雅的儿女佳话，到流血成渠的杀戮。"

这是作为建筑学家的林徽因所独有的视角。

后记　心若安好，便是晴天

早就想写一本林徽因传记，因为她是我有生以来最仰慕的女性之一。

近年来，我一直在撰写人物传记，多数是出版社的选题，属于命题式的写作。而关于林徽因的这本不同，是我自己要写的，写出了样章再去寻找出版社，签了合同再写全书，整个过程都是积极主动的。

在写这本书时，我常常被她的事迹所感动，生出这样的感慨：做女人当如林徽因，要如她一样为自己谱写一个如夏花般绚丽的人生！

多年前，我曾读过林徽因的诗歌《莲灯》和《你是人间的四月天》，当时的心情是激动的、繁杂的。后来找来她的其余诗文去读，感觉在历史的湍流中，我仿佛看到有一束火焰在烈烈燃烧。她曾无悔地"认识这玲珑的生，从容的死"。这样唯美的诗句，和印度大诗人泰戈尔的诗句"生若夏花之绚烂，死若秋叶之静美"有异曲同工之妙。

对于生命的美好，林徽因从来都是珍惜和向往的。这是一个美丽的梦，她自己就是梦中当之无愧的主角。

纵百般沧桑，只要努力，就能将如戏人生演绎得多姿多彩。

为什么要写林徽因？因为林徽因是中国第一代女建筑学家、建筑教育家，胡适誉她为"中国一代才女"。她是东北大学和清华大学建筑系的创建者之一、中国古建筑的挖掘保护者；她是中华人民共和国国徽设计的参与者，是人民英雄纪念碑的设计者之一，是传统景泰蓝工艺的拯救者。她用柔弱、坚韧的肩膀，和丈夫一起承载了半个世纪的流离，开拓了中国建筑史的处女地。她胸襟开阔，绝顶聪明，蕙质兰心，才华出众。她活着的时候，无数人喜欢她、关注她；她去世后，无数人怀念她、追忆她。她是一个传奇！

林徽因的一生给了大家太多的诗意和遐想，这反而使大家忽略了她在建筑方面的成就和才华，我在这本书里，着重撰写她在中国建筑史方面的研究和成就；写她拖着虚弱的病体跋山涉水，走遍了祖国大地，遍访古建筑的事迹和精神；写她努力地用最真诚的爱去编织五彩的人生的故事。她用内敛、平和、浪漫、敏锐、理性和执着，热情地抒写着生命的诗意和春天。她曾让每一个靠近她心的人，都变得清澈而柔软。文学艺术和建筑艺术的滋养，让她把一个女人的生命，建筑得恢宏而独一无二。

那是引人注目的教授、学者，执着坚韧的伫立。

作为学者、教授、建筑学家，抑或是诗人、作家，林徽因在如烟的岁月中，踏遍千山，纵情天下，天高海阔，无限传奇。

在这本著作中，我使用清澈的文字、诗意的笔法，以全面翔实的历史资料为依据，生动地展现了林徽因的传奇一生和她灵魂的独唱，希望达到这样的目的：触摸她生命之旅美丽的背影，获得一丝温润；在诗意的品读中，品味一缕幽香。

因此，可以说，这是一本充满正能量的、以林徽因个人魅力和人生经历为蓝本的人物传记。

我相信灵魂之歌的力量，我相信这本书会让读者看见眼前伫立着一叶伟岸的帆影，在拍礁的涛声中，在柔美的山水间，且行且歌。会有读者在思考，在探索，在追求，为明天，为未来，奉献自己炽热的爱恋……

印第安谚语说："如果我们走得太快，停一停，让灵魂跟上来。"

人生匆匆，当你在寻找生命的支点时，你会特别从容。即使现实会黯淡如黑夜，若你仍然执着，诗一样的幸福也会笼罩着你。

为何？

因为关于林徽因的记忆，永远不会苍白。

心若安好，便是晴天。

孙琳

于葫芦岛陋室

林徽因年表

1904年，出生于浙江杭州。祖父林孝恂，父亲林长民。

1909年，五岁。随祖父母、姑母等迁居蔡官巷，由大姑母林泽民发蒙读书。

1912年，八岁。全家由杭州迁居上海，入爱国小学读二年级。

1913年，九岁。母亲何雪媛带妹妹麟趾去北平，林徽因留沪。

1914年，十岁。祖父病逝。

1916年，十二岁。全家由上海迁居北京，入教会创办的培华女子中学读书。

1918年，十四岁。初识梁思成。

1920年，十六岁。春夏之交，随父亲赴欧洲。在国外期间，林徽因随父亲出访了法国、德国、瑞士、比利时等。并入读英国伦敦圣玛丽学院。

10月上旬，与在伦敦经济学院上学的徐志摩初次相遇。

1921年，十七岁。随父亲自欧洲回国。回到北平后，继续在培华女子中学学习。

1922年，十八岁。与梁思成相知相恋。二人婚事"已有成言"，但未定聘。

1923年，十九岁。从培华女子中学毕业，并考取赴美半官费留学资格。

5月，梁思成遇车祸，赴美推迟一年。

同年，翻译王尔德的《夜莺与玫瑰》。

1924年，二十岁。4月，泰戈尔访华，林徽因参与接待，并参演诗剧《齐德拉》。

6月，与梁思成赴美留学，就读于宾夕法尼亚大学美术系，选修建筑系。

1925年，二十一岁。父林长民遇难。享年四十九岁。

1927年，二十三岁。由宾大美术学院毕业。同年，入耶鲁大学戏剧学院。梁思成获宾大建筑学硕士学位，入哈佛大学研究生院，攻读东方艺术博士学位。

1928年，二十四岁。3月21日，林徽因、梁思成在中国驻加拿大总领事馆举行婚礼。后按照梁启超安排，赴欧洲参观古建筑，于8月18日回国。

9月，梁思成、林徽因受聘于东北大学建筑系，这是中国第一个建筑系。梁思成任系主任、教授，林徽因任教授。

11月，梁启超病重，二人回京。

1929年，二十五岁。1月，梁启超因病去世，享年五十六岁。

8月，女儿梁再冰出生。

1930年，二十六岁。林徽因肺病复发，因而回到北京，在香山养病。期间，开始了文学和诗歌创作。

1931年，二十七岁。3月，到香山双清别墅养病。先后发表诗《那一晚》《谁爱这不息的变幻》《仍然》《激昂》《一首桃花》《山中一个夏夜》《笑》《深夜里听到乐声》及短篇小说《窘》。

9月，梁思成、林徽因应朱启钤聘请，离开东北大学，到中国营造学社供职。梁思成任法式部主任，林徽因为"校理"。

11月19日，林徽因在协和小礼堂为驻华使节讲中国古代建筑。同日，徐志摩为听林徽因学术报告，乘机遇雨触济南党家庄开山身亡。

12月，发表散文《悼志摩》。

1932年，二十八岁。与梁思成到北平郊外等地考察古建筑。与梁思成一起，共同设计北京大学地质馆、北京大学女生宿舍灰楼等建筑。

8月，子梁从诫出生，意为纪念宋代建筑学家李诫。

同年，《平郊建筑杂录》发表于《中国营造学社汇刊》第3卷第4期。

1933年，二十九岁。与梁思成等到山西、山东等地考察古建筑，并共同撰写专著、论文及调查报告。

同年发表作品《闲谈关于古建筑的一点消息》《莲灯》《中夜钟声》《山中一个夏夜》《秋天，这秋天》等。

1934年，三十岁。1月，中国营造学社出版梁思成的《清式营造则例》一书，林徽因为该书写了《绪论》。

夏，林徽因、梁思成同费正清夫妇等去山西汾阳、洪洞等地考察古建筑。后又测绘大同云冈石窟等古建筑。

同年发表诗作《年关》《微光》《你是人间四月天——一句爱的赞颂》、散文《窗子之外》、小说《九十九度中》等。

1935年，三十一岁。夏天，与费正清、费慰梅等到赵城、霍县、孝义等地考察古建筑。

同年发表作品《晋汾古建筑预查纪略》《纪念志摩去世四周年》等。

1936年，三十二岁。与梁思成、刘敦桢、陈明达等一起考察洛阳龙门石窟。之后，从开封到山东，考察了十一个县的古建筑。

同年发表诗作《深笑》《静院》《风筝》《记忆》《题剔空菩提叶》《黄昏过泰山》《昼梦》《八月的忧愁》《冥思》《过杨柳》《静坐》；散文《蛛丝和梅花》《究竟怎么一回事》等。

1937年，三十三岁。林徽因、梁思成应顾祝同邀请，到西安做小雁塔的维修计划。并同莫宗江、纪玉堂赴五台山考察古建筑，发现了唐代建筑——佛光寺。

7月，北平沦陷，营造学社解散，林徽因、梁思成等离开北平，一路历经艰辛，最终抵达昆明。

同年发表诗作《红叶里的信念》《山中》《静坐》《十月独行》《时间》《古城新春》等。

1938年，三十四岁。营造学社在多方努力下重新恢复工作。

1939年，三十五岁。发表诗作《除夕看花》和散文《彼此》。

1940年，三十六岁。初冬，营造学社随史语所入川，林徽因一家亦迁四川南溪县李庄镇上坝村。

1941年，三十七岁。林徽因三弟在对日作战中身亡。

1943年，三十九岁。在病中写作《中国建筑史》第六章。

1946年，四十二岁。8月，营造学社随中央研究院史语所一同返回北平。梁思成受聘于清华大学，就任清华大学建筑系主任。

1947年，四十三岁。12月，做肾切除手术。

同年，发表诗作《诗三首》——《给秋天》《人生》《展缓》。

1948年，四十四岁。与清华大学营建系教师一起编写完成《全国重要文物古建筑简目》。

同年发表诗作《六点钟在下午》《昆明即景》《年轻的歌》《病中杂诗九首》《哭三弟恒》。

1949年，四十五岁。北平和平解放。新中国成立。林徽因受聘于清华大学营建系任教授。

7月，政协筹委会决定把国徽设计任务交给清华大学和中央美院。清华大学由林徽因、李宗津、莫宗江、朱畅中等七人参加设计工作。

1950年，四十六岁。全国政协一届二次会议通过了清华大学营建系设计的国徽方案。同年，被任命为都市计划委员会委员兼工程师，参加并组织领导北京传统工艺品的抢救与设计工作。

1951年，四十七岁。被任命为人民英雄纪念碑建筑委员会委员，参与纪念碑设计工作。

1952年，四十八岁。参与修缮中南海怀仁堂的装修设计工作。

同年，应《新观察》杂志之约，撰写了《中山堂》《北海公园》《天坛》《颐和园》《雍和宫》《故宫》等一组介绍我国古建筑的文章。

1953年，四十九岁。10月，当选为中华建筑学会理事，并任《建筑学报》编委。

同年，被邀请参加第二届全国文代会。

1954年，五十岁。6月，林徽因当选为北京市人民代表大会代表。

1955年，五十一岁。4月1日，病逝于北京同仁医院。